박영선과 함께하는
구약 여행

IVP(InterVarsity Press)는
캠퍼스와 세상 속의 하나님 나라 운동을 지향하는
IVF(InterVarsity Christian Fellowship)의 출판부로
생각하는 그리스도인을 위한 문서 운동을 실천합니다.

박영선과 함께하는
구약 여행

구약, 이스라엘의 실패, 그리고 하나님의 열심

박영선

IVP

차례

	저자 서문	7
1.	역사적 신앙관으로 구약 읽기	11
2.	족장들을 찾아오신 하나님 1	23
3.	족장들을 찾아오신 하나님 2	43
4.	모세를 찾아오신 하나님	63
5.	광야에서 만난 하나님 1	85
6.	광야에서 만난 하나님 2	101
7.	약속의 땅에서 만난 하나님	119
8.	열왕이 만난 하나님	137
9.	시인이 만난 하나님	159
10.	예언자가 만난 하나님	175

일러두기
- 본문에 인용한 성경은 개역개정판을 기본으로 하되, 개역한글판과 입말체를 살린 저자의 사역도 사용했습니다.
- 저자 특유의 설교 언어와 현장성을 전달하기 위해 여러 곳에서 되도록 입말체를 사용했습니다.
- 본서에 인용된 『메시지』한국어판 저작권은 ㈜ 복 있는 사람의 소유로 허락을 받고 사용했습니다.

저자 서문

기독교 신앙의 진수는 하나님과 인간의 관계에 있습니다. 하나님은 당신의 형상을 따라 인간을 지으시고 깊은 관계를 맺으시기로 결정하셨습니다. 이는 이 연합의 관계 안에 하나님의 신비와 아름다움과 영광을 담겠다는 하나님의 선언입니다. 하나님의 영광은 피조물이 마지못해 하는 항복과 종교적이고 도덕적인 순종으로는 결코 드러나지 않습니다. 창조주 하나님은 우리에게 계급적인 수직 관계나 종속 관계가 아니라, 사랑과 믿음으로 채워지는 대등한 관계를 요구하셨고 허락하셨습니다. 하나님이 우리의 아버지가 되시고 우리를 당신의 자녀로 삼으신 것은 사랑과 믿음의 충만한 관계를 바라셨기 때문입니다. 이것이 하나님의 의지요 우리의 운명입니다.

기독교 신앙은 잘잘못에 의한 보상과 심판에 관한 것이 아니라, 사랑과 믿음을 통해 결실하는 명예와 영광에 관한 것입니다. 따라서 기독교 신앙 현실은 실패와 사면의 반복으로 채워지지 않습니다. 하나님은 반성과 깨우침과 안목으로 이어지는 숱한 경험을 통해 우리가 책임을 지고 감당하는 실력에 이르도록 격려하시려고 이를 현실 속에서 허락하십니다. 이 현실에서 우리는 하나님의 자녀로 그리스도의 장성한 자리까지 이르고 지혜로 충만하게 될 것입니다.

그런 삶으로 초대받은 그리스도인은 정답에 필요한 지식을 발견하고 고결한 도덕의식과 윤리성을 함양하기 위해 성경을 읽지 않습니다. 성경에서 우리는 하나님은 어떤 분이시며, 그분의 창조세계는 얼마나 광대한지, 그리고 인간의 목적, 곧 하나님이 우리에게 맡기신 책임이 무엇인지를 배웁니다. 하나님은 심판자로 뒤에 물러나 뒷짐을 지시고 우리가 잘하는지 못하는지 노려보고 계시는 분이 아닙니다. 그분은 주도권을 쥐고 친히 역사와 인생 속으로 들어와 우리와 동행하시고 함께 다스리십니다. 이 통치 아래에서 인간은 깊어지고 넓어져 자신의 운명을 이해하는 자리에까지 이릅니다. 성경은 바로 이런 놀라운 이야기를 담고 있습니다.

성경은 하나님의 의지와 인간의 복된 운명을 가르칩니다. 진리와 생명이 어지러운 현실에서 어떻게 하나님의 영광과 찬송을 만들어 내는지 성경을 통해 우리는 볼 수 있습니다. 하나님의 장대한 구원 역사를 담은 성경을 통해 우리는 오늘도 계속되는 현실의 도전을 예의 분별하고 이 도전과 씨름하는 실력을 쌓아야 할 것입니다.

이러한 맥락에서 저의 설교 사역은 성경을 어떻게 해석하느냐 하는 문제에 집중하는 일이었습니다. 신자가 현실이라는 콘텍스트에서 온갖 경우를 겪으며 실력을 쌓아 가는 일, 거기서 분별의 안목을 키워 자유인과 책임 있는 존재로 온전히 성장하는 것으로 성경을 해석하고 이를 교회에서 적용하는 일을 평생에 걸쳐 해 왔습니다. 이 책은 그런 저의 성경 해석 안목을 독자와 함께 나누고자 하는 사역의 결실입니다.

구약성경 전체 메시지를 다루되 성경 각 권을 자세히 다루는 방식을 취하지 않았습니다. 구약, 그중에서도 은혜와 믿음이 처음 도입되는 모세오경과 하나님이 주신 자유와 선택, 그에 따른 책임을 본격적으로 그려 내는 역사서와 예언서를, 주요 인물과 사건 중심으로 다루었습니다. 나무보다는 숲을 볼 수 있는 안목을 기르는 것이 신자의 삶에서 무엇보다 중요하다고 생각하기 때문입니다. 이어서 출간될 신약 편에서는 복음을 신약성경의 핵심 개념과 단어를 중심으로 다루었습니다.

이 책은 코로나라는 위기 상황이 계속되던 2022년 합동신학대학원대학교 봄과 가을 학기에 "성경 바르게 해석하기"라는 제목으로 했던 강의를 책으로 엮은 것입니다. 이는 2013년 은퇴 후 8년 만에, 그리고 출판이라는 분명한 목적을 가지고 했던 특별한 강의였습니다. 신학생을 대상으로 한 강의를 녹취하고 정리한 후 모든 그리스도인이 읽을 수 있는 책이 되도록 원고를 재편집하는 과정을 거쳤습니다.

어려운 상황에도 불구하고 열의를 가지고 강의에 참석했던 학생들과 녹취 작업과 추가 인터뷰를 통해 원고를 수정 및 보완하고 마무리한 정지영 IVP 전 기획주간의 수고에 감사를 드립니다. 또한 책이 출간되기까지 전폭적으로 지지해 준 정모세 대표, 이성민 편집장을 포함한 IVP 모든 식구에게도 깊이 감사합니다.

2024년 2월

박영선

1

역사적 신앙관으로 구약 읽기

성경은, 하나님이 우리에게 영원한 목적을 갖고 계시며, 그것을 하나님이 성취하실 것이라는 약속입니다. 우리는 성경에서 하나님을 믿어야 하는 이유와 근거를 발견하려고 하지만 성경은 그런 우리의 요구에 답하지 않습니다. 오히려 성경은 우리에게 순종을 요구합니다. 시간 속에서 일하시려는 하나님의 부르심에 참여하라고 도전합니다.

  기독교 신학은 성경을 바르게 이해하도록, 즉 하나님을 아는 지식을 갖도록 하는 도구입니다. 특히 조직신학은 성경을 이해하는 가장 보편적인 방법입니다. 성경이 말하는 하나님, 인간, 구원, 예수, 성령, 교회, 종말 등의 기독교 신앙을 주제별로 체계적으로 연구합니다. 성경을 우리의 편의대로 또 파편적으로 읽지 않고 성경에 흩어져 있는 주제를 직조하고 체계화함으로써 성경을 온전히 이해할 수 있도록 돕습니다. 그러나 여기에는 성경을 논리와 사고 체계에 가두는 약점도 있습니다. 이런 약점을 극복하기 위한 대안으로 성경신학이 제시되었습니다. 기독교 신앙의 개념과 의미를 성경 계시의 발전 과정에 따라, 즉 성경에 나오는 단어와 주제가 성경 각 권의 맥락에서 어떤 의미와 의도가 있는지를 추적하는 방법입니다. 우리의 이성과 사고 체계 중심으로 성경을 체계화하는 조직신학과, 성경의 논리와 전개 방식 중심으로 성경을 연구하는 성경신학을 상호보완해서 이용해야 성경 진리를 온전히 이해할 수 있습니다. 그러나 우리의 성경 이해와 읽기는 개인의 경험과 실존에 함몰되거나, 도덕과 윤리적 지침을 세우는 데 그치거나, 정보와 지식 차원에 멈춰 있기에, 우리 현실에 제대로 적용되고 작동되지 않습니다. 현실에서 일어나는 모든 일이 하나님 안에 있음을 우리는 믿습니다. 하지만 그 속에서 하나님이 어떻게 일하시는지 설명하지 못하고, 그 일로 우리에게 바라시는 것이 무엇인지 깨닫지 못합니다. 우리가 신앙생활에서 겪는 대부분의 어려움이 바로 여기에서 연유합니다. 이제 우리는 이런 문제의식을 가지고 하나님이 우리에게 바라시는 영광과 찬송의 자리에 이르기 위한 성경 여행의 시간을 가지려고 합니다. 이를 위해 가장 먼저 해야 할 일은 우리의 신앙관이 실존적인지 역사적인지를 확인하는 것입니다.

실존적 신앙관과 역사적 신앙관

기독교는 하나님과의 만남입니다. 그 만남은 인격적인 동시에 역사적이며, 수직적인 동시에 수평적이며, 공시적인 동시에 통시적이며, 사건적인 동시에 관계적입니다. 우리의 믿음은 높으신 하나님이 시간과 공간을 초월해 낮은 나를 찾아와 만나 주신 체험에서 시작되지만, 하나님과의 관계와 그분의 일하심에 대한 우리의 이해는 시간이라는 역사와 공간이라는 현실을 통해 인격적 그리고 점진적으로 이뤄집니다. 이런 의미에서 실존적 신앙관은 나 중심, 즉 나의 이해와 나의 체험과 나의 의지와 결단 중심으로 성경과 하나님을 이해하려는 시각입니다. 반면에 역사적 신앙관은 내가 속한 인류 역사 속에서 하나님의 목적이 무엇이며 그 일을 어떻게 해 나가셨는지 중심으로 성경을 이해하는 관점입니다. 우리는 이 둘을 구분할 필요가 있는데, 둘이 배타적이기 때문이 아니라 상호보완적으로 통합해야 하기 때문입니다.

실존적 신앙관	역사적 신앙관
나 중심	하나님 중심
초시간적	시공간적
공시적	통시적
사건적	관계적
단회적	점진적
관념적	구체적
명제적	인격적

실존적 신앙과 역사적 신앙 비교

문제는 실존적 신앙관은 태생적인 데 반해, 역사적 신앙관은 후천적 훈련과 사고를 통해 얻을 수 있다는 데 있습니다. 즉 역사적 신앙관은 의식적으로 훈련하지 않는 한 생기지 않습니다. 이런 이유로 우리는 실존적 신앙관과 역사적 신앙관을 균형 있게 통합하기 위해 둘의 차이를 분명하게 인식하고 역사적 신앙관을 갖추고자 의식적으로 훈련해야 합니다.

세계관, 인생관, 신앙관

'세계관'이란 문자적으로는, 세계를 보는 시각 또는 관점을 뜻합니다. 인생관으로 이해해도 좋습니다. 신앙관이란 말도 쓰지만, 자칫 기독교 진리가 세상이나 삶과는 거리가 먼 종교적·사적 영역으로 축소하는 경향이 있습니다. 좀 더 구체적으로 말해, 세계관이란 인류라는 존재와 인생이라는 현실 속에서 자신의 존재와 삶을 어떻게 이해하고 사는지의 문제입니다. 다른 말로 하면, 자신 혹은 세상의 모든 존재와 의미에 대한 신념 체계 또는 믿음 체계입니다. "인간의 존재 근거는 무엇인가?" "정체성이란 무엇인가?" "정체성은 어떻게 형성되는가?" "운명이란 무엇인가?" 등이 세계관적 질문입니다. 자기 자신, 즉 자신의 신분과 지위, 존재를 세계관으로 정의하는 사람은 많지 않습니다. 그러나 우리는 실존적 세계관, 실존적 신앙관을 잘 알고 있습니다. "오늘 죽어도 천국 갈 확신이 있느냐"라는 질문은 실존적 신앙관을 잘 보여 줍니다. 이런 신앙관을 가진 신자가 궁극적으로 지향하는 곳은 천국입니다. 이 땅은 그저 천국을 향해 가는 과정이고, 세상 사람은 전도와 선교의 대상일 뿐입니다. 그러나 문제가 있습니다. 우리가 직면해 있는 현실은 어떤 신앙적 결단, 의지, 명분만으로는 채워지지도 않고 해결되지도 않는다는 것입니다. 현실 세계에는 종교적 명분이나 신앙적 대의만으로 이해하거나 해결할 수 없는 복잡함이 있습니다. 내 기분이 좋은 날은 하나님이 살아 계신 것 같고, 내가 불편한 날은 하나님이 안 계신 것 같은 그런 실존적 신앙관에는 현실을 살아 낼 힘이 없습니다. 실존적 신앙관이 틀렸다는 것이 아니라, 그것 외에 현실 세계에 존재하는 큰 공란을 채울 수 있는 또 다른 시각이 필요하다는 뜻입니다. 이것이 역사적 신앙관이 필요한 이유입니다.

나아가 세계관에는 우리가 사는, 우리가 속한 세상이 갖는 질서, 배경이라는 의미도 있습니다. 그런 점에서는 'worldview'보다는 'universe'라는 의미에 가깝습니다. 또한 세계관에는 우리가 신앙인이기 전에 먼저 세계인이라는 뜻도 있습니다. 하나님은 그리스도인만의 하나님이 아니라 모든 인류의 하나님이시라는 뜻입니다. 우리는 이원론에 사로잡혀 믿는 자와 믿지 않는 자를 나누고 그에 따라 세상을 전도와 선교, 교화의 대상으로만 봅니다. 앞서 보았듯이 세계관은 신앙관의 다른 이름일 텐데, 우리는 종교적 차원에서 우리와 세상을 분리하고, 이런 배타적 우월감으로 자신의 존재 가치를 확인하려고만 합니다. "나는 천국 가는 데 너는 못 간다"라거나 "나는 오늘 죽어도 천국 갈 자신이 있는데, 너는 그렇지 않다" 식으로 말입니다. 그렇지 않습니다. 기독교 신앙은 전 인류와 역사의 모든 영역을 삶의 무대로 가집니다. 예수를 믿는다는 것은 종교적 차원을 넘어서 창조세계의 모든 영역에서 의미가 구현되는 지위와 신분 차원으로 이해해야 합니다. 그러나 이런 실존적 신앙관은 우리가 직면하는 현실을 외면하게 만듭니다.

세속적 세계관

기독교만이 세계관적 질문, 즉 인생과 존재에 대한 신념 체계, 인간이란 무엇이며 무엇을 위해 살아야 하는지에 대한 유일한 정답을 갖고 있습니다. 그러나 모든 인류는 자연주의자입니다. 자연주의 세계관을 갖고 태어납니다. 모든 인류가 죄인으로 태어나기 때문입니다. 인간은 예외 없이 죄인으로 태어나 인생의 어느 시점에서 하나님을 인격적으로 만나고 주로 고백합니다. 그리스도인으로 태어나는 사람은 없습니다. 자연주의 세계관은 모든 인류가 경험하는 환경이고 질서이기 때문에 그 힘은 막강합니다. 인류 대부분은 자연주의 세계관을 생로병사의 문제로 갖고 있습니다. 이것이 자연 질서, 즉 태어나고 늙고 병들고 죽는 것은 거역할 수 없는 절대 질서이기 때문입니다. 또한 보통 질문에 특별한 답을 하지 않는 사람들이 자연주의 세계관을 갖고 삽니다. 늙는다는 것, 병든다는 것, 죽는다는 것이 엄중한 일임을 그들도 압니다. 존재가 그냥 소멸되는 정도가 아니라 모든 인생의 수고와 노력이 아무짝에도 쓸모없어지는 것을 잘 압니다. 알지만 벗어날 방도가 없기에 체념하고 삽니다. 그래서 대부분의 자연주의자는 그런 것들을 생각하지 않고 살고, 결국 허무주의로 귀결됩니다.

이 허무주의에 반발해 실존주의 세계관이 등장합니다. 허무주의의 패배 의식과 현실도피에 맞선 실존주의는 양차 세계대전의 세기말 상황에서 많은 지성인의 공감을 얻고 영향력 있는 사상으로 자리매김합니다. "인생은 B(birth)와 D(death) 사이의 C(choice)다"라는 말은 이 세계관을 대변합니다. 태어나고 죽는 현실은 어쩔 수 없지만 살아 있는 동안에는 주체적으로 선택하고 결정하는 책임 있는 존재가 되겠다는 뜻입니다. 실존적 세계관은 기독교에도 영향을 미칩니다. 칼 바르트로 대표되는 유신론적 실존주의가 그것입니다. 기독교와 실존주의를 동시에 견지하는 이 세계관은 놀랍게도 우리에게 꽤 익숙합니다. 우리는 창조와 부활과 종말을 믿습니다. 하지만 나의 경험과 느낌, 즉 나를 중심으로 해서 믿습니다. 나의 믿음, 구원 감격, 성령 체험과 크게 관계없어 보이는 기독교의 창조와 부활과 종말과 역사에는 그리 관심을 두지 않습니다. 나와 상관없어 보이는 성경 기록, 역사, 신학은 그저 믿어야 할 명제적 지식과 정보로 간주할 뿐입니다. 물론 나로부터 시작하기 때문에 신앙을 생생하게 하지만 실존적 세계관과 결합한 신앙은 결국 내가 기준이기에 성경이 말하는 하나님과 복음에 대한 이해는 제한적입니다. 심지어 그 결과는 위험하기까지 합니다. 역사성을 무시하고 기독교의 초월과 수직성만을 강조한 칼 바르트 신학의 퇴조에서 볼 수 있듯이 실존적 세계관은 궁극적인 답을 주지 못하고 역사의 뒤안길로 사라졌습니다.

기독교 세계관

그러면 기독교 세계관이란 무엇일까요? 그 질문에 대한 저의 답은 이렇습니다. "기독교의 세계관은 창조와 부활의 세계다!" 여기서 창조와 부활의 세계란 시작과 끝이 있다는 뜻입니다. 기독교의 끝은 부활과 영생입니다. 죽음은 기독교의 끝이 아닙니다. 기독교 신앙은 태어나고 죽는 것 사이에 존재하는 것, 말하자면 악, 비극, 재난 같은 불합리하고 부조리한 현실을 설명할 수 있어야 하는데, 오늘 우리의 신앙은 "오늘 죽어도 천국 갈 것을 믿는다"라는 내용만 반복합니다.

오늘이라는 현실, 내일이라는 미래를 살 자신이 없어서 그렇습니다. 기독교 신앙은 이것을 설명할 수 있어야 합니다. 이번 성경 여행을 통해 우리는 성경이 창조와 부활 사이에 얼마나 많은 이야기를 하는지를 알고 성경적 안목을 형성하고 우리 신앙의 지평을 넓혀 보고자 합니다.

우리는 본질상 자기중심적일 수밖에 없습니다. 하지만 하나님이 우리를 자녀로 부르셨기에 우리는 우리의 존재 이유를 자신의 인식과 실존이 아닌 존재론 차원에서 확인합니다. 우리는 하나님 사랑의 대상이고, 이것이 우리의 존재 이유입니다. 성경은 우리의 존재 이유와 근거가 우리 자신이 아니라 하나님에게 있음을 선언합니다. 하나님이 전제되어야 그분의 사랑을 받는 대상으로서 나의 존재가 섭니다. 그래서 성경은 언제나 하나님을 앞에 둡니다. 그렇게 하나님은 우리의 정체성을 그분의 자녀로 규정하시고 그렇게 대하십니다.

우리는 이것을 우리 인생에, 인생에서 일어나는 모든 일에 이 존재론을 대입해야 합니다. 쉽지 않은 일입니다. 우리의 선입견 때문입니다. 예수님을 만나 감격하고 천국 갈 확신을 갖게 된 것은 감사한 일입니다. 그러나 우리는 너무 쉽게 하나님과 나의 의미를 규정해 버렸습니다. 영육의 강건함, 번영, 평안, 형통 같은 것으로 말입니다. 하나님의 계획이 무엇인지를 우리는 더 이상 묻지 않습니다. 묻는다고 해도 도덕적인 질문이 대부분입니다. 이 선택이 맞는지 틀리는지, 이것이 하나님 뜻인지 아닌지…. 성경은 훨씬 더 깊고 높고 넓은 이야기를 들려주는데, 우리는 자신이 발견하고 경험한 몇 가지가 기독교의 모든 것이라고 너무 쉽게 결론을 내립니다. 사실 따지고 보면 그 내용조차 빈곤합니다. 구원, 영생, 천국, 사랑, 기도, 전도가 다 닙니다. 이것이 자신의 종교적 기대와 합쳐져 번영신앙이 되고 승리주의가 되고 실용주의가 되고 행복주의가 되어, 결국 생각하지 않는 신자, 적당히 타협하는 신자가 되어 버렸습니다.

이야기로서의 성경

『성경은 드라마다』(IVP)라는 책에서 저자는 성경을 드라마로 묘사합 니다. 성경은 개념이나 단어, 논리가 아니라 내러티브, 스토리, 이야 기로 메시지를 전합니다. 성경은 이야기라는 콘텍스트에 내용을 담 고 있습니다. 여기서 콘텍스트란 그릇, 경우를 말합니다. 성경의 본문 은 이 콘텍스트라는 그릇, 경우에 담깁니다. 성경을 읽는 방법 중 하 나인 조직신학은 말하자면 사전 같은 것입니다. 단어와 개념의 의미 에 대한 방대한 정보를 담고 있지만 거기에는 스토리가 없습니다. 반 대로 소설은 스토리는 있지만 거기에는 모든 단어가 나오지 않고 해 설도 나오지 않습니다. 어떤 용기에 내용물이 들어가 있으면, 우리 는 용기가 아니라 내용물에 집중하고 그 내용물로 정의를 내립니다. 그릇 안에 사과가 들어 있으면 사과라 부르듯 말입니다. 콘텍스트가 있어야 내용을 담을 수 있듯이 성경은 콘텍스트 안에 본문을 담습 니다. 그러나 우리는 단어에 집착합니다. 어떤 텍스트든 설계되어 있 다면, 우리는 텍스트의 의미를 전체 문맥 안에서 발견할 수 있습니 다. 단어 하나, 개념 하나에 집착하는 것은 콘텍스트에 대한 이해가 부족하다는 방증입니다. 많은 그리스도인이 성경을 읽을 때 종교적 가르침과 도덕적 교훈, 윤리적 적용만 찾는 데 집중하는 것은 이 때문입니다.

『성경은 드라마다』에 따르면, 성경은 창조, 타락, 약속, 율법, 구원, 교회, 종말이라는 7막으로 된 이야기입니다. 성경을 읽을 때 믿음, 은혜, 용서 같은 단어들이 문맥에서 어떻게 사용되는지 놓치지 않아야 한다는 뜻입니다. 창조를 이야기하고 다음으로 타락을 이야기합니다. 그러고는 약속 이야기가 아브람에게서 시작해 믿음의 조상이 된 아브라함 이야기로 드라마를 진전시킵니다. 아브라함 이야기를 통해 믿음이 무슨 뜻인지, 왜 믿음이 동원되었으며, 왜 하나님은 아브라함과 이삭과 야곱의 하나님이 되셨는지를 말합니다. 그릇에 담긴 사과 예화에서처럼 이삭에겐 무엇이 담겨 있는지, 야곱에겐 무엇이 담겨 있는지를 성경은 우리에게 말해 줍니다. 실존적 신앙관으로는 성경을 도덕적·종교적 이분법으로 읽을 수밖에 없습니다. 그러면 기독교의 메뉴는 "예수천당, 불신지옥" "일사각오" "주일성수" "땅끝까지 이르러" 정도밖에 없는 것이 되어 버리고 맙니다. 달라스 윌라드의 말대로 복음이 회개 같은 부정적이고 소극적인 것에만 집중하는 "죄관리 복음"이 되고 마는 것입니다. 적극적으로 해야 할 것을 알지 못하기 때문입니다.

지금까지 우리는 역사적 신앙관을 통해 나 하나가 아니라 하나님이 인류와 세상을 향해 어떤 목적을 가지고 일하고 계시는지에 대한 안목을 갖추는 데까지 나아가야 함을 생각했습니다. 하나님은 천지를 창조하실 때 그분의 형상대로 인류를 만드시고 생육하고 번성하고 땅에 충만하라고 복을 주셨습니다. '하나님의 형상'의 여러 의미 중 하나가 통치권인데, 성경은 예수님이 오셔서 인류를 구원하고 회복하시는 것에서 멈추지 않고 우리가 하나님의 후사가 됨을, 즉 하나님과 함께 왕 노릇 하게 됨을 강조합니다. 구원이란 바로 하나님의 후사로 부름받은 우리를 후사의 신분에 맞는 자로 하나님이 결국 만드시겠다는 것입니다. 창조 때 두셨던 목적을 마침내 이루시고야 말겠다는 의지입니다. 이 놀랍고 영광스러운 메시지가 성경 전체에 걸쳐 펼쳐집니다. 그리고 우리는 이 위대한 하나님의 드라마로 초대받은 존재들입니다.

2

족장들을 찾아오신 하나님 1

앞서 우리는 성경을 바르게 해석하고 하나님을 잘 알기 위해서는 역사적 신앙관의 도움을 받아야 함을 배웠습니다. 우리는 태생적으로 실존적 신앙관을 가지고 출발할 수밖에 없습니다. 하지만 성경은 우리에게 나의 시대, 나의 경험, 나의 지평을 뛰어넘어 역사라는 시공간 속에서 일하시는 하나님을 아는 데까지 자랄 것을 요구합니다. 나라는 한 개인의 실존적 차원을 넘어 시간과 공간을 포괄하고 아우르는 인류 역사 전체, 즉 세상의 창조부터 종말이라는 우주적 차원을 성경이 말하고 있기 때문입니다. 우리는 파편적인 성경 주제와 이야기만 선택적으로 읽고, 이를 근거로 편집된 신앙관을 갖고 있습니다. 따라서 내 관심 밖의 이야기와 내가 경험하지 못한 이야기가 왜 성경에 있는지를 따져 읽어야 합니다. 나아가 하나님은 당신의 드라마에서 우리를 어디로 데려가시려는지, 우리가 무엇을 하기를 바라시는지, 우리의 성공과 실패를 통해 그것을 어떻게 이루시는지를 질문해야 합니다.

실존적 신앙관을 지닌 사람은 아담의 창조와 타락 이야기를 읽으며 이렇게 질문합니다. "왜 아담은 하나님 말씀을 어기고 선악과를 먹어 온 인류로 죄 된 길을 가게 했는가?" "왜 하나님은 선악과를 굳이 만드셨는가?" "왜 하나님은 인간이 선악과를 먹을 때 보고만 계셨는가?" 반면에 역사적 신앙관을 지닌 사람은 이렇게 질문합니다. "왜 하나님은 선악과를 따먹을 수 있는 권리를 주셨는가?" "다시 찾은 자유와 권리를 어떻게 사용해야 하는가?" 우리는 아담의 불순종에 대한 답을 도덕과 윤리적 차원에서 쉽게 찾으려 합니다. 그러나 회복된 자로서 우리는, 하나님이 왜 새로운 인류를 만들지 않고 얼룩진 역사를 그냥 두시는지, 낙원에서 쫓겨나 진노와 저주 아래 있는 인생을 왜 반복해서 경험하게 하시는지, 그리고 그것을 어디에 사용하시려는지 같은 건설적이고 적극적인 질문을 해야 합니다. 창세기 3장에는 아담이 죄를 짓고 하나님에게서 쫓겨나자 곧바로 일어난 두 가지 현상이 나옵니다. 바로 두려움과 수치감입니다. 공포와 부끄러움이 생긴 것입니다. 이 둘은 죄의 가장 큰 특징입니다. 우리는 보통 죄를 도덕적이나 윤리적 차원에서 생각합니다. 이는 성경이 말하는 죄와 거리가 멉니다. 성경은 죄를 하나님과의 관계성으로 설명합니다.

실존적 신앙으로는 담을 수 없는 하나님

열왕기상에는 하나님이 천상 어전 회의에서 아합을 "꾀어" 길르앗 라못에서 죽게 할 자가 누군지 묻는 이야기가 등장합니다.

> 여호와께서 말씀하시기를 누가 아합을 꾀어 저로 길르앗 라못에 올라가서 죽게 할꼬 하시니, 하나는 이렇게 하겠다 하고 하나는 저렇게 하겠다 하였는데, 한 영이 나아와 여호와 앞에 서서 말하되 내가 저를 꾀이겠나이다. 여호와께서 저에게 이르시되 어떻게 하겠느냐, 가로되 내가 나가서 거짓말 하는 영이 되어 그 모든 선지자의 입에 있겠나이다. 여호와께서 가라사대 너는 꾀이겠고 또 이루리라 나가서 그리하라 하셨은즉, 이제 여호와께서 거짓말하는 영을 왕의 이 모든 선지자의 입에 넣으셨고 또 여호와께서 왕에게 대하여 화를 말씀하셨나이다.
>
> (왕상 22:20-23, 개역한글)

우리는 이 본문을 읽으며 놀랍니다. "하나님이 어떻게 겨짓말을 시키실 수 있단 말인가! 그것도 누군가를 죽이기 위해서 그런 일을 하시고, 심지어 거짓 예언자를 동원하기까지 하다니!" 하나님에 관한 논쟁 중 신정론이란 것이 있습니다. 전능한 신이 왜 고통을 그냥 두시는지, 정의로운 신이 악을 왜 방치하는지에 대한 합리적 해결책을 찾는 논의입니다. 보통은 도덕적·윤리적 입장에서 전능하고 선하신 신이 존재한다면 악이 존재하는 이유는 무엇인지, 궁극적 선을 위해 신이 악을 이용하는 것이 옳은지에 대한 답을 구하는 논쟁입니다. 그러나 이 문제는 본문을 아무리 읽고 생각해도 해결이 쉽지 않습니다. 이는 우리가 자연주의 세계관과 죄에 대한 문화적 기념, 즉 도덕적 죄에 익숙하기 때문입니다. 이런 도덕적 이해가 기독교 신앙과 만나면 이런 문제가 생깁니다. "내 뜻이 도덕적으로 옳으니 하나님도 내 뜻에 따라야 한다"라고 말입니다. 그런 차원에서 보면 하나님이 거짓말을 하실 수 있다는 것은 매우 충격적입니다.

　우리는 거짓말하지 않고 떳떳하게 살고 싶습니다. 거짓말 같은 구차한 짓 하지 않고 누가 보더라도 반듯한 인생이길 바랍니다. 도덕적 흠이라고는 없는 삶, 학처럼 고결한 인생이길 바랍니다. 하지만 생각해 보십시오. 신자의 현실은 그런 소원과 거리가 멉니다. 고민 없고 눈물 없는 현실을 사는 신자는 어디에도 존재하지 않습니다. 실존적 신앙관에서 보면, 이 역설과 모순은 도무지 이해되지 않습니다. 그래서 우리 삶에는 "하나님, 왜 저한테 이러세요" "제가 뭐라고 시비를 거세요" 이런 반문이 있고 비명이 있습니다. 실제로 시편 대부분은 모두 이 이야기입니다. 이를 통해 성경이 우리에게 말하는 바는 이것입니다. "네가 지금은 이유를 알 수 없지만 나중에는 알게 된다. 그러니 지금은 버텨라." 덮어놓고 믿으라는 뜻이 아닙니다. 인격적으로 신뢰하고 용기를 내라는 뜻입니다. 그러면 그 과정을 통해 하나님이 어떤 분이신지를 더 깊이 알게 된다는 것입니다. 하지만 그전까지 우리는 "내가 뭘 잘못했어요?" "왜 나한테 이러세요?" "계속 그러면 교회 안 나갈 거예요!" 같은 비명을 당연히 지르게 됩니다. 이것이 욥기의 주제입니다. 까닭을 알 수 없는 고난을 당하는 욥에게 친구들이 와서 말합니다. "네가 잘못한 것이 있으니까 하나님이 벌을 주셨을 것이다. 회개해라." 하지만 욥은 말합니다. "아니다. 아무리 생각해도 나는 잘못한 것이 없다." 이유 없는 고통을 주실 하나님이 아니라는 친구의 비난에 완강히 버티는 것, 이것이 욥기의 주제입니다. 도덕적·윤리적 신앙관으로는 욥기를 제대로 읽어 낼 수 없습니다. 고난에 관한 이야기는 하지만 고난의 이유를 설명할 방법을 모르고, 하나님이 왜 고난을 허락하시는지도 모르고, 주신 답의 의미도 이해하지 못하게 됩니다. 성경을 제대로 해석할 수 없으니 성경을 몇 번 읽었다는 자랑만 남습니다.

우리 현실에 도전하는 성경

성경은 우리 현실에 도전합니다. 성경은 읽는다고 해서 그대로 살아지지 않습니다. 우리는 성경이 말하는 하나님과 현실 속 하나님이 모순됨을 느껴야 합니다. 간절히 소원한다고 해도 안 되고, 절실히 기도해도 안 되는 것이 현실입니다. 성공하는 듯하나 여지없이 실패하고 넘어집니다. 남은 것도 없고 끝도 나지 않고 죽지도 못합니다. 성경과 현실은 우리 머리로는 이해할 수 없는 이야기로 가득합니다. 우리의 이해의 범주로 이해하려고 하지만 도무지 이해되지 않습니다. 그러니 매일 아침 성경을 읽고, 논리적으로 얻은 결론을 삶에 적용하고, 매 주일 설교를 듣지만 언제나 같은 결론, "기도하자, 순종하자, 사랑하자"라는 도덕적·윤리적 결단만 반복하게 됩니다. 우리는 웃음만 가득한 신앙생활, 화창한 인생을 바라지만, 울음 없는 신앙생활, 절망 없는 인생을 성경은 말한 적이 없습니다. 그것은 종말에나 가능합니다. 우리는 삶에서 일어나는 모든 일을 이해할 수 있기를 바랍니다. 하지만 우리가 그것을 모두 이해한다면 그것은 이미 기독교가 아닙니다. 그러면 우리가 하나님인 것입니다. 우리가 다 헤아릴 수 있는 하나님은 그저 법칙이나 윤리에 불과합니다. 성경은, 하나님은 그 이상입니다. 기독교의 창조, 부활은 우리가 아는 어떤 법칙이

나 범주로 묶이지 않습니다. 없는 것을 있게 하고 죽은 것을 다시 살리는 법칙, 도무지 말이 안 되는 것이 기독교입니다. 그런데 우리는 끊임없이 우리 논리 속으로, 이해 속으로, 경험의 범주 속으로 성경을, 하나님을 자꾸 축소하고 제한합니다.

하나님이신 예수님이 친히 오셨지만 누구도 그분을 알아보지 못했습니다. "우리가 기다려 온 이가 저분 맞는가? 저분이 정말 메시아인가?" 끝없이 회의합니다. 요한복음은 예수님의 기적을 표적이라고 표현합니다. 왜 그럴까요? 요한은 기적을 메시아이심을 증언하는 것으로 사용하기 때문입니다. 요한에 따르면, 예수님은 기적을 자신을 증명하는 것으로, 모든 문제를 해결하는 수단으로 사용하지 않습니다. 심지어 예수님은 십자가에서 허망하게 죽으십니다. 인간의 기대와는 거리가 멀고 우리의 시각으로는 도무지 이해가 안 되는 일입니다. 그리고 예수님은 부활하십니다. 얼마나 놀랍습니까! 부활하신 예수님에게 주의 나라가 언제 임하는지를 묻는 제자들의 질문에는 답을 주시지 않고 예수님은 홀연히 떠나셨습니다. 그리고 그 상태로 여기까지 역사가 흘러왔습니다. 오병이어로 5천 명의 배를 채우신 기적, 바다를 꾸짖어 잠잠하게 하신 기적, 죽은 자를 다시 살리신 기적이 지금도 일어나서 세상으로 예수님을 주님으로 고백하게 하시면 얼마나 좋을까요? 그러나 하나님은 그렇게 일하지 않으십니다. 인간은 기적 같은 것으로 모든 것에 대한 답을 얻는 그런 정도의 존재가 아니라 그 이상이라는 뜻입니다.

아담의 타락과 노아 홍수, 바벨탑

죄라는 불순종을 대표하는 아담의 선악과 사건을 생각해 보겠습니다. 에베소서 4장 17-18절에서 사도 바울은 이렇게 말합니다. "그러므로 내가 이것을 말하며 주 안에서 증거하노니 이제부터는 이방인이 그 마음의 허망한 것으로 행함같이 너희는 행하지 말라. 저희 총명이 어두워지고 저희 가운데 있는 무지함과 저희 마음이 굳어짐으로 말미암아 하나님의 생명에서 떠나 있도다." 죄란 하나님과의 분리입니다. 마치 전자기기에 전원이 끊긴 것과 같습니다. 하나님에게서 분리되면 영원을, 생명을, 영광을 받을 수 없습니다. 우리는 이런 가치들을 스스로 생산할 수 없는 존재이기 때문입니다. 하나님이 우리를 지으시고 우리에게 모든 것을 공급하시는 아버지, 주님이 되기로 하셨는데 우리 스스로 이 전원을 차단했습니다. 그러자 곧바로 무슨 일이 생겼습니까? 수치와 공포가 왔습니다. 자신을 지킬 힘이 자기에게 없다는 것을 알게 되자 수치와 공포를 느끼고, 그로 인해 명예와 영광의 자리로 갈 수 없게 되었습니다. 꽃이 시든 것같이, 시체가 썩은 것 같은 더러움과 부끄러움이 생겼습니다. 그저 도덕적인 문제가 생긴 것이 아닙니다. 물론 윤리적인 문제도 생겼습니다. 하지만 그것이 근본적인 문제는 아닙니다. 그것은 원인에 따른 증상에 불과합니다. 인간이 존재 자체의 가치, 그 아름다움, 생명의 어떤 영광으로부터 멀어진 상태가 되었다는 것이 성경이 말하는 타락입니다. 그러나 하나님은 벌거벗은 아담과 하와에게 가죽옷을 입히시고, 가인이 벌인 형제 살인에도 불구하고 가인을 죽이지 못하게 하십니다. 죄를 범한 인류의 그 모습과 그 상태에서 다음 일을 하겠다고 하십니다. 무슨 일을 하셨습니까? 바로 구원이라는 일을 하셨습니다.

구원은 지은 죄를 씻고 아무 일도 일어나지 않았던 것처럼 그저 첫 창조의 자리와 지위로 다시 돌아가는 것이 아닙니다. 구원은 현실이라는 시공간 속에서 우리의 반응을 통해 원래 창조 목적, 즉 생육하고 번성하여 땅에 충만하고, 땅을 정복하고 다스리라는 목적을 그 이상으로 이루는 것입니다. 노아 홍수와 바벨탑 사건 등 아담의 타락 이후에는 하나님에게서 분리되자 생긴 현실이 본격적으로 펼쳐집니다. 바로 죄의 결과, 죽음입니다. 창세기 5장에 등장하는 수많은 이들이 900세 가까이 살지만 결국은 모두 죽습니다. 아무리 오래 살았더라도 예외 없이 모두 죽습니다. 죄악이 세상에 만연하고 생각하는 것이 하나같이 악할 뿐인 인류를 심판하시고 노아를 통해 제2의 인류를 만드시지만, 그럼에도 불구하고 하나님과 분리된 인간은 궁극적으로 회복될 수 없음이 바벨탑 사건에서 명백하게 드러납니다. 하나님은 노아 홍수 때 심판으로 경고하셨을 뿐 아니라 노아 다음에 일어난 바벨탑 사건에서도 인류의 공멸을 적극적으로 막으십니다. 하나님께 대항하면 죽을 수밖에 없고 죽어 마땅한데도 인류를 흩을지언정 최종 심판을 행하지 않으십니다. 여기가 역사적 신앙의 관점에서 질문해야 하는 대목입니다. "이것이 무슨 소용이 있는가? 아담의 불순종을 하나님이 어떻게 다루시겠다는 것인가? 죽음으로 끝나는 것은 알겠는데, 우리가 영광과 존엄에서 떨어진 존재인 것은 알겠는데, 실패하고 망할 수밖에 없는 그런 인생에 대한 최종 심판을 하나님은 왜 유보시키시는가? 왜 다 없애고 다시 시작하지 않고 그냥 놔두시는가?" 이런 질문에 답하기 위해 창세기 12장의 아브라함이(물론 이 본문에서는 아브람이라는 이름으로) 등장합니다.

아브라함의 하나님

아브라함의 등장은 이렇습니다. "내가 너로 큰 민족을 이루고 네게 복을 주어 네 이름을 창대케 하리니 너는 복의 근원이 될지라. 너를 축복하는 자에게는 내가 복을 내리고 너를 저주하는 자에게는 내가 저주하리니 땅의 모든 족속이 너를 인하여 복을 얻을 것이니라"(창 12:2-3). 이 선언은 매우 놀랍습니다. 죽어야 할 운명에 처한 인류에게 돌연히 복 받을 한 사람을 하나님이 약속하시기 때문입니다. 로마서 5장에서 사도 바울은 모든 인류는 범죄 유무와 상관없이 아담의 후손이기 때문에 사망 아래에 있다고 선언합니다. 예외 없이, 모두 다 죄인이고 모두 다 죽습니다. 그러나 예수님으로 말미암아 구원받은 이들, 즉 제2의 아담, 둘째 아담, 마지막 아담, 새로운 인류의 조상이 되신 예수 안에 있는 자들은 모두 생명이 이기고 은혜가 이기는 영광으로 들어가는 운명을 받은 민족이 됩니다. 이 은유의 역사적 증거로 하나님은 아브라함을 역사의 무대로 불러내 세우셨습니다. 무엇을 위해서요? 하나님을 배신하여 생명과 영광에서 끊어진 인류를 그들 스스로의 선택으로 자초한 저주 속에서라도 하나님 자신의 창조를 성취하시기 위해서입니다. 바로 이 대목에서 믿음이 도입됩니다. 우리가 하나님께 죄를 지었음을 깨닫고 이를 위한 방도와 조건으로 우리가 믿음을 도입한 것이 아닙니다. 자신이 선택한 것이 무엇인지 모르고, 자신이 처한 운명이 무엇인지도 모르고, 그것이 하나님의 뜻과 얼마나 다른지도 몰랐던 인류를, 그리고 죄로 점철된 우리의 역사를 원래 목적하셨던 창조로 회복하시기 위해 하나님이 주도적으로 믿음을 도입하신 것입니다. 아브라함이 믿음의 조상으로 지명된 것은 이 때문입니다. 하나님은 자신을 배신한 인류에게 원래 창조의 의도와 목적을 반드시 이루시겠다는 구원 역사의 증인으로 아브라함을 세우셨습니다. 결국 인류는 아브라함으로부터 시작하여 소망을 가질 수 있게 되었습니다. 이것이 아브라함 생애의 의미입니다.

아브라함 이야기에서 최고의 전환점은 이삭입니다. 이삭은 아브라함이 결코 낳을 수 없을 때 얻은, 그러나 하나님께 제물로 바치기 위해 죽여야 했던 자식입니다. 이삭은 실제로 죽지는 않았지만 죽음에서 새 생명을 얻은 셈, 곧 부활한 셈이 되었습니다. 히브리서에는 아브라함에 대해 이렇게 말합니다. "하나님이 아브라함에게 약속하실 때에 가리켜 맹세할 자가 자기보다 더 큰 이가 없으므로 자기를 가리켜 맹세하여 이르시되, 내가 반드시 너에게 복 주고 복 주며 너를 번성하게 하고 번성하게 하리라"(히 6:13-14). 하나님이 아브라함에게 주신 이 약속은 창세기 12장에서 처음 나온 것입니다. "내가 너에게 복을 주어 네 이름을 창대케 하고 모든 족속이 너로 인하여 복을 얻게 하겠다"라고 하신 것입니다(창 12:2-3 참조). 그런데 히브리서 기자는 창세기 12장이 아닌 22장의 약속을 인용합니다. 그래서 우리는 이삭을 바친 아브라함의 믿음이 창세기 12장에 이미 있었다고 생각합니다. 원래부터 믿음의 위인이었다고 말입니다. 아브라함이 믿음을 가지고 있어서 하나님이 그를 부르셨고 그가 결국 이삭을 바치기까지 충성했다고. 그렇지 않습니다. 창세기 22장 약속이 12장과 동일한 것은 하나님이 "내가 너(아브라함)에게 약속한 것의 결과를 너에게서 보았다"라는 의미에서입니다. 쉽게 말하면 이런 뜻입니다. "나 여호와가 아담이라는 인류의 실패를 믿음으로 어떻게 회복시키는지의 결과를 너에게서 나오게 했다. 나는 너희를 이 목적, 즉 자유와 책임의 자리까지 나아가게 하는 하나님이다. 봐라! 이것이 내 뜻이다. 너희 인류는 모두 아브라함의 후손이다. 내가 이 사람을 시작으로 믿음을 도입하여 모두를 창조할 때 작정했던 영광의 자리에 서게 할 것이다." 이것이 아브라함 사건의 의미입니다.

이것이 하나님이 하시는 일입니다. 이런 이해, 시각, 역사적 신앙관이 없으면 우리는 우리 기분이 좋을 때는 찬송이 저절로 나오고 자신을 꽤 괜찮게 보았다가도 어려운 일을 만나면 신앙이 뭔가 싶고 인생이 뭔가 싶습니다. 우리의 감정 상태에 따라 우리의 신앙도 요동을 칩니다. 이런 것이 바로 실존적 신앙관인데, 이 신앙관은 자기 의존적이라는 결정적 약점이 있습니다. 자신의 선택과 책임이 중요함을 인식한 것은 옳지만 구름이 끼었다고 해가 없어지는 것이 아니듯이 내가 잘못 선택했고 실패했다고 하나님이 실패하신 것이 아니라는 것이 성경의 이야기입니다. 이를 깨닫기 위해서 역사적 신앙관이 필요한 것입니다. 하나님은 언제나 신실하십니다. 하나님은 포기하거나 타협하지 않으십니다. 그리하여 하나님은 아브라함을 세우셨고, 그를 역사에 불러내어 역사의 증인이 되게 하셨습니다. 이를 통해 하나님은 인류 전체를 향해 발언하시는 것입니다. 이렇게 성경을 읽어야 합니다.

이삭의 하나님

그러면 역사적 신앙관에서 이삭의 역할은 무엇일까요? 구약에서 하나님은 언제나 누구누구의 하나님, 즉 아브라함과 이삭과 야곱의 하나님으로 소개됩니다. 그만큼 이 세 사람의 생애는 성경 역사에서 매우 중요합니다. 그들의 생애 안에 하나님이 어떤 분이신지, 우리에게 어떤 의도를 갖고 계시는지, 우리를 어떻게 하실 것인지에 관한 내용이 들어 있습니다. 그런 다음에 하나님은 "너희를 이집트에서 불러 낸 하나님"으로 소개됩니다. 역사가 이렇게 진전합니다. 경험이 축적되고 지혜가 누적됩니다. 성경을 읽으면 아브라함의 하나님, 이삭의 하나님, 야곱의 하나님, 요셉의 하나님, 모세의 하나님에 대한 이해와 경험이 축적되어야 하는데, 우리에게는 구원하실 때 만난 하나님, 회심할 때 만난 하나님, 내 기도를 들어주시는 하나님 말고는 하나님을 아는 지식이 별로 없습니다. 삶과 연결도 안 되고 누적도 안 되고 종합도 안 됩니다. 우리에게는 이삭이 만난 하나님은 존재하지 않습니다. 이삭을 좋은 아버지 밑에서 태어나 좋은 교육을 받고 유산을 물려받은 자로 인식하면 안 됩니다. 그는 원래 태어날 수 없던 자입니다. 아브라함의 나이 100살이 되어 겨우 세상에 나올 수 있던 사람입니다. 아브라함이 이삭을 낳기 전에 하나님이 내년 이맘때 아브라함에게 아들이 있을 것이라 약속하시고(창 18:10), 낳으면 할례를 행하라고 지시하십니다(창 17장). 할례를 행한다는 것에는 자식은 하나님이 주신 후손이지 내가 만든 후손이 아니라는 중요한 뜻이 담겨 있습니다. "너희 자식은 모두 하나님이 만들어 주시는 자식이다. 아브라함을 만든 것같이, 아브라함에게 한 약속의 결과를 결국 이루어 내고 만 것같이 너희의 후손들, 인류를 하나님이 기르겠다, 완성하겠다, 원래 창조의 목적을 이루게 하겠다"라는 의미입니다. 그러면 왜 아브라함 하나로 끝나지 않을까요? 이 문제는 예수를 믿는 것만큼 간단하지 않습니다. 복잡하다는 뜻이 아니라 너무 크고 너무 깊고 너무 놀랍다는 뜻입니다.

말하자면 시간이 필요하다는 의미입니다. 한 번의 감동과 단번의 납득으로 끝나지 않습니다. 구원은 시작이 있고 자라야 하고 충만해져야 합니다. 신앙은 초기에 더 열정적이고 순수하고 진지합니다. 하지만 시간과 경험은 열정과 진심과는 다른 차원의 안목과 통찰을 우리에게 만듭니다. 인생이 승리와 성공, 업적 같은 것만 아니라 실패와 후회, 낙심 같은 것까지, 이 모든 것이 합력하여 선을 이룬다는 것을 우리가 알게 됩니다. 이삭의 등장은 정확히 그런 내용을 담고 있습니다. 이삭은 원래 없는 사람입니다. 하나님이 만드신 자입니다. 이삭은 태어날 수 없었지만 태어났고, 그나마 태어났지만 죽을 처지에 놓입니다. 그런 의미에서 이삭은 유산입니다. 하나님 약속의 유산입니다. 우리 안에 자생적으로 생기는 것이 아니라 하나님의 약속 때문에 인류 전체를 이어 주시겠다는 일종의 기본권입니다. 정말 놀라운 일입니다. 실존적 신앙관에서는 내가 개인적으로 인격적으로 예수님을 만난 것이 구원이지만 성경은 구원을 그 정도로 말하지 않습니다. 훨씬 큰 이야기라고 말합니다. 요한복음 3장 16절만 해도 하나님이 '나'를 사랑하셔서가 아니라 '세상'을 사랑하셔서 독생자를 주십니다. 개인 구원과 보편 구원 같은 범주의 차이를 이야기하려는 것이 아니라 창조주로서의 하나님, 구원자로서의 하나님, 한 사람의 인생만이 아니라 온 우주의 모든 영역을 포괄하는 하나님의 선언으로 구원이 등장합니다. 구원에 대한 이런 이해가 부족하기에 우리는 자꾸 자신의 믿음을 다른 사람과 비교하고 판단하고 정죄하는 것으로 확인하려고 합니다. 자신의 믿음을 이것 말고는 확인할 길이 없어서 그렇습니다. 그러나 하나님은 훨씬 큰 이야기를 하십니다. 성경의 처음 독자에게 그리고 이제는 우리 모두에게 이렇게 이야기하십니다. "네가 있기 전, 네가 결심하기 전, 네가 이해하기 전에 내가 너를 위해 창조와 구원의 운명을 결정해 놓았다." 이렇게 선언하시는 것입니다. 그것이 이삭입니다.

야곱의 하나님

그러면 야곱은 무엇입니까? 창세기 27-28장에서 야곱은 아버지를 속여 형 에서를 대신하여 축복을 받고, 형에게 생명의 위협을 받아서 삼촌 라반의 집으로 도망갑니다. 하란으로 가던 중에 벧엘에서 노숙하는데, 돌베개를 베고 자다가 꿈에서 사다리를 오르락내리락 하는 천사를 봅니다. 그리고 하나님께 약속을 받습니다. "나는 여호와니 너의 조부 아브라함의 하나님이요 이삭의 하나님이라. 너 누운 땅을 내가 너와 네 자손에게 주리니 네 자손이 땅의 티끌같이 되어서 동서 남북에 편만할지며 땅의 모든 족속이 너와 네 자손을 인하여 복을 얻으리라. 내가 너와 함께 있어 네가 어디로 가든지 너를 지키며 너를 이끌어 이 땅으로 돌아오게 할지라. 내가 네게 허락한 것을 다 이루기까지 너를 떠나지 아니하리라"(창 28:13-15). 하나님의 약속을 야곱도 귀하게 여겨 아침에 일찍이 일어나 돌베개로 기둥을 세우고 그 위에 기름을 붓고, 하나님이 나를 고향으로 돌아오게 하시면 이곳이 하나님의 집이 되고 십일조를 드리겠다고 서약합니다. 그러고는 이 서약들을 잊고 원래대로 삽니다. 약삭빠르게 사는 삶으로 돌아갑니다. 부려 먹기만 하고 재산 쌓을 틈을 주기는커녕 조카 대접도 하지 않는 외삼촌 밑에서 20년을 종노릇하며 막대한 부를 쌓습니다. 그래서 외삼촌과 친척들의 미움을 삽니다. 잔꾀로 얻은 아내 레아와 라헬만 야곱의 편을 들 뿐입니다. 더 있다가는 목숨을 부지하기 어려울 것 같아 라반 몰래 도망쳐 얍복 나루까지 이릅니다. 그러나 형 에서가 자신을 죽이려고 온다는 소식을 심부름꾼에게 듣고는 재산과 자식들과 아내들을 먼저 보내고 홀로 남습니다. 그날 밤 천사가 나타나 야곱과 날이 새도록 씨름합니다. 야곱이 먼저 씨름을 제안한 것이 아니라 하나님의 사자가 씨름을 하자고 했습니다. 그뿐 아니라 그 씨름에 대한 판정도 하나님의 사자가 내립니다. 야곱을 이기지 못함을 보고 야곱의 허벅지 관절을 칠 정도였으니까요. 그러나 야곱은 자신에게 축복을 내리지 않으면 보내 줄 수 없다고 하나님의 사자에게 매달립니다. 그러자 천사가 야곱의 이름을 묻습니다.

우리는 이 부분을 주목해야 합니다. 축복해 달라는 것, 복을 비는 것은 야곱에게는 없던 일입니다. 야곱이란 이름은 '발뒤꿈치를 잡았다'는 뜻인데, 이는 '약탈자, 모략꾼, 사기꾼'이라는 의미입니다. 자신의 노력으로 얻는 것이 아니라 남의 것을 빼앗아 가진 자란 뜻입니다. 하나님의 사자가 그런 야곱에게 이름을 묻는 것은 "너는 원래 다른 사람의 것을 빼앗아 네 필요를 채우는 놈이다. 그런데 왜 나에게 축복을 구하느냐? 너는 다른 이의 도움이 필요하지 않은 자가 아니냐?"라는 의미를 담고 있습니다. 그 질문에 야곱은 자신이 약탈자임을 고백합니다. 우리는 보통 남의 것을 빼앗는다는 행위를 도덕적으로 옳지 않다고 생각하는데, 성경은 그렇게 단순하게 판단하지 않습니다. 여기서도 단순히 도덕적인 판단을 내리지 않습니다. 그 이유는 이어지는 하나님의 사자가 전하는 말씀에서 찾을 수 있습니다. "네 이름을 다시는 야곱이라 부를 것이 아니요. 이스라엘이라 부를 것이니 이는 네가 하나님과 및 사람들과 겨루어 이겼음이니라"(창 32:28). "네 이름을 다시는 야곱이라고 하지 마라. 이제부터 네 이름을 이스라엘이라고 해라. 너는 하나님과 싸워 이긴 자다." 여기서 야곱이 자신의 이름을 "저는 야곱입니다"라고 대답한 것은 "나는 고아입니다. 나는 사기꾼입니다. 나는 내 필요를 다른 이의 것을 빼앗아서 채우는 자입니다. 제발 도와주십시오"라고 전한 것과 마찬가지입니다. 그러자 하나님이 대답하십니다. "넌 고아가 아니다. 넌 남의 것을 빼앗을 필요가 없다. 너는 내 자식이다. 자식 이기는 부모 봤냐." 이것이 야곱에게 "이스라엘"이란 새 이름을 준 의미입니다. "더 이상 너는 남의 것을 빼앗아서 너의 필요를 채울 필요 없다. 나는 존재하는 것만으로 충분한 네 부모다. 그러니 다시는 네 이름을 야곱이라 하지 마라." 그런 의미입니다.

그렇다면 야곱에게 지난 20년은 어떤 의미일까요? 하나님이 야곱에게 이런 복을 내리실 것이라면, 진작에 복을 내려 주시지 왜 이런 고난을 겪게 하셨을까요? 사실, 야곱이 하나님께 이스라엘이라는 새 이름을 받은 후에도 야곱의 인생은 평탄하지 않습니다. 하나님께 복에 대한 약속을 받아도 인생이 쉬워지지 않습니다. 예를 들어, 디나 사건을 보면 알 수 있습니다. 야곱의 자식들 간에 싸움은 끊이지 않을 뿐 아니라, 야곱이 제일 예뻐하던 아들을 잃습니다. 노년에는 고향을 떠나 이집트로 피난까지 갑니다. 그러나 야곱은 그때 가장 멋있어집니다. 난민 족장이 이집트 바로에게 축복을 하는 말도 안 되는 상황이 벌어집니다. 그때 야곱이 이렇게 고백합니다. "내 연수가 내 조상만 못하지만 험악한 세월을 보냈습니다"(창 47:9 참조). 굉장한 고백입니다. 그동안의 세월, 곧 그 시간이 지금의 야곱을 만들었습니다. 모든 것을 가진 바로를 축복하는 야곱을 만들었습니다. 바로는 어떤 궁극적 영광도 승리도 아닙니다. 아무것도 아닙니다. 바로는 야곱의 축복을 받는 역사의 무대에 하나님이 쓰신 드라마의 조연일 뿐입니다.

하나님이 왜 우리에게 이 긴 시간, 세월을 요구하실까요? 그에 대한 답이 야곱에게서 처음으로 등장합니다. 하나님이 만들어 가시겠다는 것입니다. 하나님이 우리에게도 물으십니다. "네 이름이 무엇이냐?" 우리도 야곱처럼 사기꾼입니다. 우리 역시 약육강식, 적자생존의 세상에 그렇게 살고 있지 않나요? 그러다 자신만의 얍복 나루에서 빈털터리가 되어 널브러져 있지 않나요? 거기에 하나님이 등장하시고 개입하십니다. 하나님은 원래 말씀하셨던 약속 "내가 너를 다시 이끌어 이 자리로 오게 하마. 너 누운 땅을 다 네게 줄 것이다!"라고 말씀하십니다. 그러나 그 약속을 이루기 위해 무엇이 있어야 할까요? 방황, 이 나그네 인생을 살아야 합니다. 이를 경험해야 합니다.

그 속에서 무엇을 배웁니까? 처절한 싸움의 세계에서 눈에 보이는 유혹과 시험을 겪어봐야 하나님이 우리의 답이심을 아는 자가 됩니다. 이것이 가장 중요한 구약의 메시지입니다. 이것은 구약 내내 일어났고 앞으로도 무한정 확장될 우리의 이야기입니다. 이것이 이 야곱 이야기에서 지나가는 말처럼 잠깐 등장합니다.

이 메시지가 창세기 28장과 32장 사건, 그리고 아브라함과 이삭과 야곱 생애의 의미입니다. 하나님은 이런 이유로 아브라함의 하나님, 이삭의 하나님, 야곱의 하나님으로 불립니다. '야곱'이라는 이름은 보통 이스라엘을 꾸짖을 때, '이스라엘'은 이스라엘을 친근하게 대할 때 사용하십니다. 북 왕국 이스라엘을 부르실 때는 "에브라임아"라고 부르기도 하십니다. 하나님이 이러한 호칭으로 부르시는 것은 역사적 시각, 즉 하나님이 하신 일과 하실 일에 대한 이해를 전제하지 않고는 읽어 내기 어렵습니다.

우리 인생은 주님 다시 오시는 날까지 미완성의 시간을 삽니다. 그 사이에는 경험하지 못한 구약과 신약의 약속들만 우리에게 주어져 있고 듣지도 살아 보지도 못한 인생 곧 현실이 놓여 있습니다. 십 대와 이십 대, 삼십 대, 사십 대, 오십 대를 경험하며 개인적 상황뿐 아니라 사회, 문화, 시대, 세계라는 정황 가운데 살면서 경험합니다. 그런 것이 다 우리를 우리 되게 한다는 것이 성경의 메시지입니다. "하나님을 사랑하는 자, 곧 그 뜻대로 부르심을 입은 자들에게는 모든 것이 합력하여 선을 이루느니라"(롬 8:28). 이런 말이 왜 있는지를 비로소 알게 됩니다. 내일 또 어떻게 될지 오늘은 알 수 없지만, 믿음을 가지고 잠자리에 듭니다. 그러고는 "하나님, 또다시 내일을 살아갈 힘을 주십시오"라고 기도합니다. 이렇게 하루를 견딜 수 있게 됩니다. 우리가 도무지 이해하지 못하는 일들을 겪어야 합니다. 우리가 모르는 일들은 하나님이 계획하시고 하나님이 하시기 때문입니다. 이사야서에서처럼 그리고 이 약속의 성취로 예수님이 오셨을 때처럼 말입니다. "가서 이 백성에게 이르기를 너희가 듣기는 들어도 깨닫지 못할 것이요, 보기는 보아도 알지 못하리라 하여 이 백성의 마음을 둔하게 하며 그들의 귀가 막히고 그들의 눈이 감기게 하라. 염려하건대 그들이 눈으로 보고 귀로 듣고 마음으로 깨닫고 다시 돌아와 고침을 받을까 하노라"(사 6:9-10). 이 이야기를 예수님은 마태복음 13장 씨 뿌리는 비유에서 동일하게 하셨습니다. "내가 그 비유의, 그 약속의 주인이다. 내가 여기 와 있다. 그 약속의 성취다. 너희는 나를 봄으로써 복되다." 우리는 그뿐 아니라 십자가와 부활까지 가지고 있습니다. 거기에 기독교 2천 년 역사를 더 가지고 있습니다. 그럼에도 우리는 새삼스럽게 인생을 삽니다. 그렇지만 그것을 계속해서 엮어내며 살아야 합니다.

3

족장들을 찾아오신 하나님 2

우리는 야곱의 생애를 역사적 신앙관으로 좀 더 살펴볼 필요가 있습니다. 우리는 얍복 나루 사건에 대해 이야기할 때, 보통 야곱이 하나님께 매달려 복을 받아 낸 것으로 이해합니다. 그래서 하나님이 우리에게 요구하시는 것이 무엇이며, 하나님이 우리의 삶을 어떻게 주도해 나아가시는지 그분께 묻지도 않고 해석하지도 않습니다. 하나님이 굳이 우리와 씨름하시는 이유를 물어야 하는데, 우리는 축복을 받을 때까지 매달린 야곱을 본받자거나, 그런 야곱의 믿음을 갖기 위해 노력하자고 너무 쉽게 결론을 내립니다. 이는 실존적 신앙관에서 보면, 너무나 자연스러운 결론이고 적용입니다. 창세기 32장을 읽어 보면 실존적 신앙관으로 쉽게 결론 내리면 안 된다는 것을 알 수 있습니다. 씨름을 주도적으로 이끄는 주체가 누구입니까? 하나님이십니다. 하나님이 이 씨름을 주도하십니다. 야곱은 씨름할 마음이 없습니다. 형 에서가 부하 400명을 끌고 자신을 만나려고 온다는 소식을 듣고는 정신없을 정도로 전전긍긍할 때, 하나님이 주드권을 쥐고 씨름을 하자고 하십니다. 그런데 천사가 혹은 하나님이 야곱을 이기지 못합니다. 이는 놀라운 사건입니다. 야곱이 하나님께 매달려 마침내 복을 받은 것이 아닙니다. 씨름은 안중에도 없던 야곱에게 천사가 씨름을 걸었지만, 야곱을 이기지 못하고 떠나려 하자, 야곱이 천사를 붙잡았다는 것이 본문 내용입니다. 그러고는 천사가 야곱의 허벅지 관절을(개역개정), 또는 엉덩이뼈를(새번역) 칩니다. 말하자면, 생식 기능을 꺾어 버렸다는 뜻입니다.

재창조의 시작, 아브라함의 믿음

아브라함은 믿음의 시작입니다. 말하자면 재창조의 시작입니다. 죄를 지어 하나님과 관계가 끊어진 인간은 곧 헛되게 죽을 운명이었습니다. 그런 인간의 운명에 하나님은 믿음을 도입하셨습니다. 이 맥락에서 아브라함이 등장합니다. 아브라함이 자발적으로 나온 것이 아니라 하나님이 아브라함을 불러 나오게 하신 것입니다. 사도행전에서 스데반은 아브라함의 등장을 이렇게 설명합니다. 하란에 있기 전 메소포타미아에 있을 때 영광의 하나님께서 아브라함에게 자신을 계시하시고 그를 그곳에서 옮기셨다!(행 7:2-4) 성경은 이렇게 모든 사건을 역사적 신앙관으로, 즉 하나님이 주도하시는 것으로 이해하고 해석합니다. 이와 관련해서는 창세기 12장 1절 이하에서 아브라함과의 약속에서 확인할 수 있습니다. 이 말씀에서 하나님은 모든 민족이 아브라함으로 말미암아 복을 받을 것이라고 약속하십니다. 아브라함의 믿음이라고 부를 만한 사건은 창세기 22장에서 아브라함이 모리아산에서 이삭을 바친 것입니다. 이때 모리아산에서 하나님이 아브라함에게 하신 약속도 창세기 12장과 동일합니다.

이삭을 낳는 사건을 자세히 살펴볼 필요가 있습니다. 창세기 17장을 읽어 봅시다.

> 아브람이 구십구 세 때에 여호와께서 아브람에게 나타나서 그에게 이르시되 '나는 전능한 하나님이라. 너는 내 앞에서 행하여 완전하라. 내가 내 언약을 나와 너 사이에 두어 너를 크게 번성하게 하리라' 하시니 아브람이 엎드렸더니 하나님이 또 그에게 말씀하여 이르시되 '보라. 내 언약이 너와 함께 있으니 너는 여러 민족의 아버지가 될지라. 이제 후로는 네 이름을 아브람이라 하지 아니하고 아브라함이라 하리니, 이는 내가 너를 여러 민족의 아버지가 되게 함이니라.' (창 17:1-5)

창세기 17장에서 아브람은 99세에 이름이 아브라함으로 바뀝니다. 우리가 이 장에서 99세에 아브라함이라는 이름으로 바뀐 사건보다 더 눈여겨 봐야 할 사건이 있습니다. 바로 99세에 여러 민족의 아버지가 될 것이라는 약속을 받은 일입니다. 여호와께 이 약속을 받은 후, 그의 이름이 바뀝니다. 아브람에서 아브라함으로, 즉 여러 민족의 아버지가 될 것입니다. 물론 지금은 이스마엘 외에 다른 자식은 없습니다. 그렇지만 그는 여러 민족의 아버지가 될 것입니다. 그런 다음에야 하나님은 "너를 심히 번성하게 하리니 내가 네게서 민족들이 나게 하며 왕들이 네게로부터 나오리라. 내가 내 언약을 나와 너와 네 대대 후손 사이에 세워서 영원한 언약을 삼고 너와 네 후손의 하나님이 되리라. 내가 너와 네 후손에게 너의 우거하는 이 땅, 곧 가나안 땅을 일경으로 주어 영원한 기업이 되게 하고 나는 그들의 하나님이" 되실 것입니다(창 17:6-8). 그런 다음 할례를 행하라는 명령이 나옵니다. "너희 중 남자는 다 할례를 받으라. 이것이 나와 너희와 너희 후손 사이에 지킬 내 언약이니라"(창 17:10). 할례는 우리가 아는 대로 남자 성기의 포피를 자르는 것으로 생식기가 잘리는 것을 상징합니다. 이는 아브라함의 후손이 육체가 아닌 약속에 의해 이어진다는 의미입니다.

아브라함은 하나님을 믿는 모든 그리스도인과 교회의 믿음의 조상입니다. 나아가, 이 믿음의 조상은 믿는 자만의 조상이 아니라 하나님이 믿음이라는 방법으로 불러낼 모든 민족의 조상입니다. 하나님은 모든 민족을 구하기 위해 아브라함을 부르셨고, 이를 위해 믿음을 도입하셨습니다. 즉 믿음은 우리가 내세울 어떤 조건이나 자격이 아니라 하나님이 당신의 뜻을 이루기 위해 도입하신 그분의 창조 방법입니다. 사람으로서는 아이를 낳을 수 없는 나이인 100세에 약속의 아들 이삭이 태어나는 것은 이 때문입니다. 하지만 하나님은 약속하신 것으로 충분하지 않으셨던 모양입니다. 인간의 행위가 아닌 하나님이 하시는 것임을 더 분명하게 하기 위해 할례를 행하라고 명령하십니다. 이는 "네 후손은 네가 낳는 자손이 아니다. 내가 믿음이란 방법으로 죄로 가득한 세상에서 너를 구원하여 마침내 다시 새롭게 창조할 내 후손이다"라는 의미를 담고 있습니다. 그래서 그의 이름을 아브람에서 아브라함으로 바꾸는 것입니다.

믿음은 좋고 나쁘다는 식으로 정의할 수 없습니다. 로마서에서 바울은 이렇게 말합니다. "복음에는 하나님의 의가 나타나서 믿음으로 믿음에 이르게 하나니 오직 의인은 믿음으로 말미암아 살리라 함과 같으니라"(롬 1:17). "믿음으로 믿음에 이르게" 한다는 말은 하나님이 창조의 완성을 위해 도입하신 방법인 믿음이 우리를 믿음의 사람으로 만든다는 의미입니다. 믿음을 믿음 A와 믿음 B로 나눈다면, 하나님이 시작하신 믿음 A가 그 결과인 믿음 B로 우리에게 나타나는 것입니다. 그런데 우리는 "그[아브라함]가 믿은 바 하나님은 죽은 자를 살리시며 없는 것을 있는 것으로 부르시는 이"(롬 4:17)라는 말씀을 근거로, 아브라함이 하나님을 창조와 부활의 주님으로 고백하는 바른 믿음을 갖고 있었다고 생각합니다.

하지만 역사적 신앙관으로 보면, 다음과 같이 이야기할 수 있습니다. 아브라함이 믿음의 조상이 된 것, 즉 아브라함이 하나님을 믿을 수 있었던 것은 하나님이 자격 없는 자에게 그분의 창조와 부활을 적용하셨기 때문이라고 말입니다. 그런 의미에서 좋은 믿음이란 하나님이 하나님이심을 고백하는 것입니다. 우리는 이런 고백을 언제 하나요? 우리의 믿음이 고양되었을 때인가요, 침체했을 때인가요? 우리는 우리의 믿음이 한껏 고양되었을 때, 자신 안에 무언가 자랑할 만한 것이 있을 때, 도덕적으로나 윤리적으로 부끄러움이 없을 때 이런 고백을 합니다. 절망에 빠져 있을 때, 자신이 한없이 부끄러울 때는 그런 고백을 못합니다. 이는 우리가 믿음을 나의 조건이나 자격으로 이해하고 있기 때문입니다.

성경이 믿음을 도입하고 그 믿음을 사용할 때는 일종의 질서가 있습니다. 앞서 예를 든 아브라함이 그렇습니다. 아브라함의 이름이 먼저 바뀌고, 그다음 하나님이 할례를 명하고, 그런 후에야 이삭이 태어납니다. 그런데 이삭마저도 하나님께 제물로 바쳐야 하는 상황이 벌어집니다. 하나님은 인간적 요소는 모조리, 조금의 가능성도 남기지 않고 제거해 버리십니다. 그래야 비로소 이 일이 무슨 의미인지를, 하나님이 누구이신지를 알게 되는 것입니다. 하나님은 창조주시며 섭리자시며 심판자이십니다. 하나님이 심판자이심을 우리는 보통 공포나 전율같이 부정적으로 이해하지만, 실은 시작한 것을 마침내 이루어 내고야 마시는 하나님이라는 적극적인 의미입니다. 종말이란 착한 사람은 상을 받고 악한 사람은 벌을 받는 심판의 날만이 아니라 하나님의 뜻이 마침내 완성되는 날이기도 합니다.

우리를 파트너로 대우하시는 하나님

하나님이 우리와 씨름하십니다. 생각할수록 이는 매우 놀라운 일입니다. 모름지기 경기란 대등한 조건이나 최소한 비슷한 상대와의 경쟁을 전제하는데, 하나님이 우리를 그런 상대로 대우하신 것이기 때문입니다. 성경에는 씨름이 자주 등장합니다. 사실 구약 역사 전체가 씨름이나 마찬가지입니다. 출애굽과 광야에서, 왕국 역사 내내 하나님은 자신의 백성과 씨름하십니다. 예를 들어, 다윗 왕조를 봅시다. 다윗이 죽고 솔로몬이 뒤를 이어 왕이 됩니다. 솔로몬이 자신의 왕궁과 여호와의 성전과 예루살렘성이 완공되기 전에 산당에서 일천 번 제를 하나님께 드리는 등 멋진 정치를 합니다. 그러나 하나님은 이런 솔로몬에게 경고하십니다. "네가 네 아비같이 나를 잘 섬기면 내가 너를 크게 하고 내 말을 듣지 않으면 너를 뽑아 버리겠다"(왕상 3:14). 하나님이 주인으로서 솔로몬에게, 궁극적으로는 우리에게 어떤 반응을 요구하시는 것입니다. 보통 우리는 능동적으로 반응한다거나 책임을 진다고 하면 행위 구원이 아니냐고 합니다. 하지만 이 말은 행위가 구원의 조건이라는 뜻이 아닙니다. 은혜가 구원의 조건입니다. 하나님은 그분의 창조하신 세상이 타락하자 세상을 구원하기 위해 아브라함을 부르시고, 그와 언약하시고, 이를 우리에게 계시하시듯이, 구원은 하나님 홀로 하시는 일입니다. 이것이 하나님의 뜻입니다. 그러나 우리는 그 뜻을 오해합니다. 구원은 지은 죄를 용서받는 정도가 아니고 원래 창조 목적이 성취되고 충만해지는 것까지입니다. 죄를 없애는 것은 거룩과 영광의 자리로 가기 위한 첫걸음일 뿐입니다.

하나님은 은혜로 우리의 죄를 용서하시고 우리를 죄인의 신분에서 하나님 자녀의 신분으로 세우셔서 당신의 상속자로 삼으십니다. 그리고 우리가 신분에 맞게 살도록, 책임을 지는 자가 되도록 요구하십니다. 왜일까요? 다른 무엇이 아닌, 우리 자신이 되어야 하기 때문입니다. 하나님은 은혜를 베푸시고 우리는 그 수준에 맞는 삶을 살아야 할 책임을 감당하고 실력을 갖추어야 합니다. 물론 쉽지 않습니다. 어떤 때는 왜 하나님이 이런 고난을 허락하시는지 비명을 지르고, 어떤 때는 차라리 얼른 데려가셨으면 좋겠다 싶습니다. 하지만 그것은 우리에게 도전을 하시고 우리와 씨름을 하자는 것입니다. 우리가 하나님 자녀라는 신분에 걸맞은 실력을 갖추도록, 창조하실 때 목적하셨던 완성의 자리로까지 우리가 자랄 수 있도록 말입니다. 이를 신학적으로 '성화'라는 고상한 단어로 부르는데, 사실 이 과정은 실제로는 진흙탕에서 구르는 것같이 현실적인 일입니다. 구차하고 구질구질한 현실을 살아 내는 것입니다. 그래야 우리가 실력이 생기고 철이 듭니다.

하나님은 야곱에게 약속과 함께 시간을 주셨습니다. 창세기 28장 벧엘 사건에서 야곱에게 약속을 주신 하나님은 그에게 20년 동안의 유예기간을 주셨습니다. "내가 너를 반드시 이곳으로 데려올 것이다. 그러니 가서 마음껏 살아 봐라"(창 28:15 참조). 그러나 이런 약속을 받았음에도 불구하고 야곱은 그저 먹고사는 인생, 하나님 없는 삶 이상을 살지 못합니다. 여기에 그의 씨름의 내용이 있습니다. "내가 너한테 한 약속은 그런 것이 아니다. 네가 너와 네 후손을 위해서 재산 같은 걸 남기는 것이 네 인생의 목표나 전부가 아니다." 이것이 하나님께서 야곱의 허벅지 관절을 걷어찬 사건의 의미입니다. 거기서 야곱이 완전히 항복합니다. 아파서가 아니라 자신의 존재 근거와 가치가 자신에게는 전혀 없고 오직 하나님께 있음을 철저히 깨달았기 때문입니다.

이런 메시지는 구약에서는 밑그림 정도로 흐릿하게 그려져 있습니다. 신약에 가서야 자세한 설명이 나오고 우리로 하여금 그 의미를 더 선명하게 이해하도록 합니다. 거기에다 다시 교회 역사를 통해 이를 좀 더 파악하게 된 우리는 앞에서 나온 역사적 사건들이 어떤 의미였으며, 이 증거와 약속들을 어떻게 이해해야 하는지 분명하게 알게 됩니다. 『성경 읽기는 예술이다』(성서유니온)에서 한 저자는 성경을 추리소설에 비유합니다. 추리소설처럼 성경을 읽을 때도 독자들이 처음에는 일어난 사건이 어떻게 연관되며 무슨 의미인지를 몰라 어리둥절해하지만 나중에 가면 퍼즐이 맞춰지듯이 사건의 전모를 이해할 수 있게 된다고 말합니다. 우리는 보통 전체를 제대로 보지 못하고, 일부분만을 놓고 해석하는 실수를 범합니다. "야곱이 축복하기 전에는 결코 보낼 수 없다고 죽을 각오로 매달리니까 하나님이 결국 복을 주셨다. 그러니 우리도 야곱 같은 신앙을 갖자!" "요셉은 어려서부터 비전을 품었다. 그래서 감옥에서도 말씀을 붙잡았고 결국 이집트 총리가 되어 하나님의 백성을 구했다!" 이런 식으로 말입니다. 정말 그런가요?

수동태로서의 신앙과 삶

요셉은 야곱이 사랑하는 아내 라헬의 소생으로 가장 아끼는 열한 번째 아들입니다. 라헬은 외삼촌에게 사기를 당하고 20년을 고생하는 가운데 얻은 귀한 아내입니다. 그런 라헬이 낳은 아들이기 때문에 야곱은 요셉을 다른 자식보다 더 예뻐했습니다. 그래서 요셉은 형들의 미움을 삽니다. 하루는 양을 치러 나간 자녀들의 안부를 궁금해하던 야곱의 심부름에 순종하여 요셉은 형들을 찾아 나섭니다. 당시 양을 치는 일은 풀이 많이 나는 곳을 찾아 멀리 이동해야 했기에 여러 날이 걸리곤 했습니다. 요셉이 며칠을 찾다가 형들을 발견했는데, 형들은 평소 미워했던 요셉을 죽일 흉악한 작당을 합니다. 그러나 맏형인 르우벤은 요셉을 죽이지는 말고 구덩이에 던져 넣자고 했습니다. 그리고 나서 형들은 죽이느니 차라리 팔아 버리자는 유다의 제안대로 지나가던 상인에게 요셉을 팔아 버립니다. 그렇게 요셉은 바로의 신하 친위대장 보디발의 노예가 되는데, 그의 총애를 받아 집안 살림을 맡습니다. 그러나 보디발의 아내의 유혹을 거절하는 바람에 요셉은 그보다 더 밑바닥인 감옥에 갇힙니다. 그런데 그 과정에 대해 성경은, "하나님이 요셉과 함께하심으로 저가 형통한 자가 되었다"고 말합니다(창 39:2 참조). 주인 보디발도 이를 알아보았고, 그래서 "하나님이 너와 함께하시는 걸 내가 안다. 우리 집안일을 모두 네가 맡아서 해라"라고 했던 것입니다. 그러나 요셉은 자꾸 밑바닥으로 내려갑니다. 노예의 신분이 되었다가 이제 죄수의 신분이 됩니다. 거기서 어쩔 줄 몰라 합니다.

시편 105편은 이런 요셉의 생애를 몇 구절로 압축해 말합니다. "그가 한 사람을 앞서 보내셨음이여, 요셉이 종으로 팔렸도다"(17절). 여기서 요셉의 삶은 전부 수동적으로 묘사됩니다. "요셉이 비전을 가졌다" "요셉은 비전의 사람이라"처럼 능동형으로 기술되어야 할 것 같은데, 그렇지 않습니다. 요셉은 형들이 자기에게 절하는 꿈 때문에 형들에게 미움을 사고 고생을 합니다. "그의 발은 차꼬를 차고 그의 몸은 쇠사슬에 매였으니 곧 여호와의 말씀이 응할 때까지라. 그의 말씀이 저를 단련하였도다. 왕이 사람을 보내어 그를 석방함이여, 뭇 백성의 통치자가 그를 자유롭게 하였도다. 그를 그의 집의 주관자로 삼아 그의 모든 소유를 관리하게 하고, 그의 뜻대로 모든 신하를 다스리며 그의 지혜로 장로들을 교훈하게 하였도다"(18-22절). 나중에 치리자가 되는 것까지 모두 수동적입니다. 왕이 요셉을 감옥에서 석방하고 총리 자리에 앉힙니다. 그러나 그전까지 요셉의 처지는 "그의 발은 차꼬를 차고 그의 몸은 쇠사슬에 묶"여 있습니다. 성경 난하주에 따르면 "몸이 쇠사슬에 묶여 있다"라는 구절에서 '몸'이 아니라 '혼'이 쇠사슬에 묶여 있는 것이라고 말합니다. 한마디로 혼비백산 되었다는 뜻입니다.

자기 인생이 왜 이리 고달픈지 요셉은 도무지 납득하지 못합니다. 시편 본문에 그 단서가 나옵니다. "그 말씀이 저를 단련하였도다"(19절). 바로 하나님 때문입니다. 요셉은 자신이 왜 그런 일을 당하는지 모릅니다. 그래서 요셉은 감옥에 잡혀 들어온 두 관원장 중 하나가 나갈 것이라고 그에게 꿈을 풀어 주면서, 바로에게 아뢰어 자신의 억울함을 풀어 달라 부탁합니다. 하지만 야속하게도 관원장은 잊어버리고 2년이란 세월이 또 흘러갑니다. 만 2년 후, 종노릇하다 감옥에 갇힌 지도 십수 년이 지난 어느 날, 바로가 꿈을 꿉니다. 바로가 꾼 꿈도 수동적입니다. 하나님이 앞으로 일어날 일을 보여 주시는 것입니다. 그런데 누구도 이 꿈을 해석하지 못합니다. 그때 그 관원장이 요셉을 기억하고 요셉을 추천합니다. 요셉은 꿈을 해석하고 총리가 되어 이집트를 관장합니다. 바로의 꿈대로 7년간 풍년이 들고 7년간 흉년이 들어 양식을 구하기 위해 이집트 바깥의 사람들이 이집트로 올 때, 요셉의 형들도 양식을 구하기 위해 옵니다. 이집트에 온 형들이 요셉 앞에 무릎을 꿇자 불현듯 요셉은 이것이 우연이 아니었음을 깨닫습니다. 요셉이 감옥에서 풀려난 후 이집트의 제사장 딸과 결혼하고 자식을 낳는데, 첫째 아들 이름을 므낫세라고 지었습니다. "고생 끝"이라는 뜻입니다. 둘째를 낳고 에브라임이라고 짓습니다. "행복 시작"이란 뜻입니다. 여기에는 하나님과 아무런 관계도 없고, 어떤 신앙 요소도 보이지 않습니다. 형들이 무릎을 꿇는 모습을 보고 요셉이 말합니다. "내가 요셉입니다." 이 말에 형들은 이제 죽었구나 싶었을 것입니다. 죽이려고 했다가 돈 몇 푼에 팔아 버린 동생 요셉이 총리가 되어 눈앞에 나타났으니 당연합니다. 그때 요셉은 어떻게 고백했습니까? "나를 이곳에 보낸 이는 형들이 아니라 하나님이십니다." 요셉이 이제야 이 모든 일의 의미를 깨달은 것입니다.

하나님이 왜 야곱에게 이런 일을, 즉 사랑하는 아들 요셉이 고통받는 일을 허락하셨을까요? 하나님은 야곱에게 시간을 주고 그와 씨름하셨습니다. 하나님은 우리에게 책임을 묻고 반응을 요구하십니다. 그리고 그 일을 위해 약속과 조건을 제시하시고는 심판관처럼 책잡을 것이 없는지 지켜보지 않으십니다. 하나님은 우리 인생에 직접 뛰어드셔서 그때그때 적절한 도전과 위로를 주시고 격려하시고 우리와 씨름하시면서 우리를 가르치십니다. 그리고 우리에게서 첫 창조와 새 창조의 목적을 이루시고 결과를 만들어 내시고, 마침내 완성하십니다. 우리 인생은 하나님이 주도권을 가지고 매일 도전하시고 단련하시고 성장시키시는 무대이며 시간입니다. 요셉의 생애에서 나타나는 수동형 사건들은 하나님이 주도권을 쥐고 계신다는 증거입니다. 우리는 예수 믿고 구원받아 부끄러운 짓을 하지 않고 영육 간에 강건하게 살다가 천국 가는 것만 바랍니다. 구원받고 살아 내야 할 현실이란 개념이 우리에게 없습니다. 예수 믿고 천국 가기 전, 그 사이에 하는 것이라고는 전도, 선교, 기도, 봉사 같은 종교적 행위 말고는 없습니다. 이제는 그 테두리를 벗어나야 합니다.

예수를 믿고 나서 달라진 것이 주일성수, 십일조, 신우회, QT 하는 것밖에 없으면 안 됩니다. 더 적극적인 것으로 나아가야 합니다. 성품, 명예, 부드러움, 위대함 같은 것으로 자신의 존재 가치가 드러나야 합니다. 우리가 다른 이를 정죄하거나 비난하는 이유는 간단합니다. 우리의 신앙이 가난하기 때문입니다. 그것 말고는 자신의 믿음을 확인하고 증명할 것이 없기 때문에, 자기 정체성에 대한 이해와 만족이 없기 때문에 자신이 다른 사람과 얼마나 다른지를 강조하는 것입니다. 천성을 향해 가는 우리의 긴 인생 속에서 하나님이 무엇을 원하시고 무엇을 하시는지를 보십시오. 우리가 우리 자신으로 성장하게 하십시오. 우리는 한 인간으로서 독립적 가치와 실력을 만들어야 합니다. 태도와 인간성에서 무엇인가 다른 것을, 뭔가 따뜻함을 사람들이 느껴야 하는 것입니다. 인격을, 즉 자유와 책임을 다해 길러 낸 실력이 아니라 종교적 명분과 신앙적 당위 정도를 제시하는 것으로 만족해서는 안 됩니다.

구약, 바닥을 치는 이야기

구약성경에는 온통 이러한 이야기로 가득 차 있습니다. 이스라엘이 계속 도전받는 이야기가 등장합니다. 때로는 자신의 잘못 때문에, 때로는 나 아닌 누군가의 실수로, 그 밖의 다른 이유로 고난받는 이야기투성입니다. 사사기에는 그런 도전들이 이스라엘 주변에 실제로 있었음을 보여 줍니다. 이스라엘 주변에 가나안 족속이, 가장 빈번하게는 블레셋이 있습니다. 정치적 이유로 또는 다른 이유로 이스라엘이 공격받습니다. 사람들은 그런 일을 당할 때마다 어떻게 처신해야 하는지, 무엇이 잘못되었는지 등의 문제를 설정하고 나름의 방식대로 풉니다. 그러나 성경은 하나님과의 관계에 대해 집요하게 묻습니다. 하나님과의 관계 회복은 삶의 전 영역에 걸쳐서 일어납니다. 믿음이란 기도할 때만 필요한 것이 아니라 우리가 살아 숨 쉬면서 만나는 모든 일과 모든 질문과 모든 도전 앞에서 작동하는 것입니다. 이방인과 어떻게 다른지, 하나님의 뜻을 어떻게 이루며 살아야 하는지 같은 질문은 해 볼 생각도 하지 않고, 그저 자신의 안위와 필요에 집중하거나 오히려 이방인들의 삶을 흉내 내며 삽니다. 그것이 우상숭배라는 형태로 나옵니다. 이방의 풍족한 삶을 부러워하고 저들의 방탕한 생활을 부러워합니다. 여기서 방탕한 생활이란 윤리적·도덕적인 방탕함이 아닙니다. 하나님 백성으로서의 신분과 존재를 적극적으로 살아 내지 못하고 시간을 허비한다는 의미에서의 방탕한 삶입니다.

놀랍게도, 하나님의 백성으로 명예롭고 위대하게 사는 모습은 구약에는 잘 나오지 않습니다. 신약에 와서야 온전한 하나님 백성의 삶이 등장합니다. 예수님이 오시고 성령이 임하심으로 드디어 그 일이 시작됩니다. 구약에 등장하는 실패는 오늘 우리로 하여금 '이건 아니구나'라는 생각을 하게 만들고, 예수님으로 인해 얻은 자유와 책임이라는 명예와 영광을 깨닫게 합니다. "그러므로 형제들아, 내가 하나님의 모든 자비하심으로 너희를 권하노니 너희 몸을 하나님이 기뻐하시는 거룩한 산 제물로 드리라. 이는 너희가 드릴 영적 예배니라"(롬 12:1). 다윗은 하나님을 위한 마음으로 성전을 짓고자 했어도 밧세바 사건으로 밑바닥으로 떨어졌습니다. 이스라엘 백성은 자신들이 제사를 드리는 한 하나님은 영원히 우리 편이라고 생각했어도 바빌론 포로가 되는 일이 벌어졌습니다. 하나님이 이스라엘의 생각에 도전하고 그것을 깨뜨리시는 것입니다. 우리 신앙의 근거와 자신감의 밑바닥에, 우리의 이해 밑바닥에 있는 그 토대가 무엇인지를 보게 하시는 것입니다. 그것은 자신이 만든 것, 말하자면 제사를 드리면, 기도를 하면, 예배를 드리면, 정직하게 살면, 남을 해하지 않으면 문제 없다고 하는 것들입니다.

하나님은 그보다 더 큰 일을 하자고 우리에게 도전하시는데 우리는 적당한 지점에서 타협하려고 합니다. 그 뜻에 순종하야 다음으로 넘어갈 수 있는데, 그러고 싶어 하지 않습니다. 그래서 하나님은 이런 실패 이야기를 계속해서 더 붙이십니다. 외적의 침입을 받아 고통을 당해 비명을 지르면 하나님이 사사를 보내서서 회복하는 시대가 있고, 왕을 달라고 해서 왕을 주었더니 오히려 왕의 절대 권력에 의해 고통을 받기만 하는 열왕기 시대가 있고, 포로로 잡혀가 망했지만 고국 땅으로 돌아오는 회복의 시대가 있습니다. 그러다 다시 로마 치하까지 내려가는 이야기가 계속됩니다. 그러고 나서야 예수님이 오십니다. 구약이 우리에게 무엇을 증언하고 우리에게 무엇을 가르쳐 주는지를 제대로 배우지 못한 채 우리는 타협합니다. 앞서 이야기한 것처럼 모든 그리스도인은 실존적 차원에서 시작하기 마련입니다. 아브라함을 먼저 만난 다음에 예수님을 믿는 사람은 없습니다. 예수님을 만나고 아브라함을 알게 됩니다. 말하자면, 신약에서 시작해서 구약을 읽게 되었기에 신약의 시각에서 왜 사람들이 이렇게 사는지, 왜 이스라엘이 그토록 방황하는지, 어디에서 틀렸으며 무엇이 부족한지, 어디에서 혼란이 일어났는지 같은 질문을 할 수 있게 된 것입니다. 우리는 신약 시대에 태어나 예수님을 믿었지만 우리 안에서 이 신앙이 자라려면 구약에서 일어났던 시행착오들이 우리에게 한 번 더 일을 해야 합니다. 그래야 비로소 예수를 믿는다는 것, 성령충만을 받는다는 것의 의미가 우리에게 드러나는 것입니다.

열 가지 재앙과 열왕의 죽음

출애굽기 3장부터 시작해 하나님은 모세를 보내시며 여러 장에 걸쳐 말씀하십니다. 특히 4장 21-23절에서 이렇게 말씀하십니다. "여호와께서 모세에게 이르시되 네가 애굽으로 돌아가거든 내가 네 손에 준 이적을 바로 앞에서 다 행하라. 그러나 내가 그의 마음을 완악하게 한즉 그가 백성을 보내 주지 아니하리니 너는 바로에게 이르기를 여호와의 말씀에 이스라엘은 내 아들 내 장자라. 내가 네게 이르기를 '내 아들을 보내 주어 나를 섬기게 하라 하여도 네가 보내 주기를 거절하니, 내가 네 아들 네 장자를 죽이리라 하셨다' 하라 하시니라." 이 말은 이런 뜻입니다. "네가 가서 바로에게 내 백성을 보내라 하라. 하지만 바로는 안 들을 거다. 그러면 네가 하나님의 장자인 이스라엘을 보내지 않겠다고 했으니 나는 네 장자를 죽이겠다고 해라." 우리가 잘 아는 대로 열 가지 재앙 중 마지막 재앙은 장자가 죽는 것입니다. 여기서 장자는 유업을 잇는 권리를 말합니다. 장자가 유업을 이어받습니다. 그런데 이스라엘은 하나님의 유업을 이을 장자, 백성이기 때문에 누구도 하나님의 백성을 붙잡아 놓아서는 안 될 일이었습니다. 그런데 바로가 이걸 막았으므로 하나님이 바로의 장자를 죽이겠다는 것입니다. 이는 할례 이야기의 확장입니다. 후손이 있다는 것은 존재와 의미와 운명이 계속된다는 것이고, 후손이 없다는 것은 대가 끊겨 없어지는 것, 즉 본인이 사라진다는 뜻입니다. 바로 한 사람이 죽는 것으로는 이 의미가 제대로 드러나지 않기 때문에 장자를 죽여서 아예 대를 끊는 것입니다. 자손이 없으면 더 이상의 바로도 없습니다. 한 사람이 죽어 없어지는 것이 아니라 그의 뒤를 이을 장자가 죽음으로써 그 대가 완전히 끝나는 것입니다.

열왕기에 나오는 아합은 여로보암과 함께 악한 왕으로 손꼽힙니다. 이 사람들의 등장과 멸망 이야기는 할례 이야기와 연결됩니다. 아합은 4대 만에 망합니다. 북 왕국 이스라엘은 남 왕국의 다윗 왕가를 잇지만 엄밀히 말해 북 왕국은 유다 지파, 다윗 왕가가 아닙니다. 북 왕국 이스라엘은 에브라임 지파로 여로보암부터 시작합니다. 하나님이 여로보암에게 하나님의 말을 들으면 그의 집안이 왕의 대를 이을 것이고, 하나님 말을 듣지 않으면 잘라 버리겠다고 말씀하십니다. 그러나 여로보암은 하나님 말씀을 듣지 않고 우상을 만들고 제사장을 세우자 2대 만에 반란이 일어나 죽습니다. 그렇게 북 왕국의 왕들이 계속 죽습니다. 우리는 이 죽음들을 놓고, 보통 도덕적 관점에서 하나님을 버리고 우상을 섬겨서 죽었다고 단정합니다. 그러나 성경은 그렇게 말하지 않습니다. 성경은 오히려 악한 권력은 대가 끊긴다, 악한 권력은 영원할 수 없다, 이렇게 이야기합니다. 그래서 예후가 등장해 아합 집안을 몰살합니다. 바사가 나와 예흐왕의 씨를 하나도 남겨 두지 않습니다. 하나님을 바르게 섬기지 않은 왕들이 얼마나 잔혹하게 죽었는가 하는 이야기가 아닙니다. 그들의 씨가 끊겼다는 것, 후손을 이을 수 없게 되었다고 이야기하는 것입니다. 악한 것이 죽고 또 죽고 나면 마지막에 남는 것이 없습니다.

모든 죽음을 끝내신 예수님

예수님은 이와 같은 죽고 죽는 사건 끝에 마침내 죽임을 당하십니다. 죽음을 죽음으로 끝내십니다. 사망이 더 이상 힘을 발휘하지 못하게 하셨습니다. 그러나 예수님은 복수하지 않으십니다. 죽음으로 끝내시지 않고 오히려 부활하셨습니다. 예수님은 그분의 나라에서, 부활로써 앞에 있던 죽음을 없애십니다. 악한 왕과, 악한 왕국을 없애시는 것이 아니라 죽음 자체를 없애십니다. 복수를 없애십니다. 죽을 수밖에 없는 죽음이라는 운명을 없애십니다. 그래서 히브리서 2장 14절은 이렇게 선언합니다. "죽음을 통하여 죽음의 세력을 잡은 자 곧 마귀를 멸하시며." 여기서 강조는 마귀가 아니라 죽음을 멸했다는 것에 있습니다. 고린도전서 15장에서 사도 바울은 이를 다음과 같이 좀 더 풍성하게 표현합니다.

> 형제들아, 내가 이것을 말하노니 혈과 육은 하나님 나라를 이어 받을 수 없고 또한 썩는 것은 썩지 아니하는 것을 유업으로 받지 못하느니라. 보라, 내가 너희에게 비밀을 말하노니 우리가 다 잠 잘 것이 아니요, 마지막 나팔에 순식간에 홀연히 다 변화되리니 나팔 소리가 나매 죽은 자들이 썩지 아니할 것으로 다시 살아나고 우리도 변화되리라.

(중략) 사망아, 너의 승리가 어디 있느냐? 사망아, 네가 쏘는 것이 어디 있느냐? 사망이 쏘는 것은 죄요 죄의 권능은 율법이라. 우리 주 예수 그리스도로 말미암아 우리에게 승리를 주시는 하나님께 감사하노니 그러므로 내 사랑하는 형제들아, 견실하며 흔들리지 말고 항상 주의 일에 더욱 힘쓰는 자들이 되라. 이는 너희 수고가 주 안에서 헛되지 않은 줄 앎이라. (고전 15:50-58)

사망을 조롱합니다. 이 얼마나 굉장합니까? 사망을 이기고 사망을 없애십니다. 예수님의 부활로 사망을 없애십니다. 하나님이 승리하신다는 것입니다. 다시는 죄가 이기지 못하게 하나님이 이기셨다는 것입니다. "사망아, 너의 승리가 어디 있느냐. 사망아, 네가 쏘는 것이 어디 있느냐. 사망이 쏘는 것은 죄요, 죄의 권능은 율법이라"(55-56절). 이 세상에서 율법도 없어지고 죄도 없어지는 것입니다. 요셉의 인생에서도 요셉은 죽음에 노출되고 감옥에도 갇히지만, 하나님이 그의 삶에 개입하신 다음에는 사망이나 절망이나 실패란 있을 수 없습니다. 이것이 성경 이야기입니다.

인생이 오늘 우리가 살펴본 이 모든 성경의 내용 속에서 어떻게 작동하는지 생각해야 합니다. 구약 내내 하나님이 하시려는 일이 아닌 데로 사람들이 가면 왜 하나님이 자꾸 간섭해서 막으시는지 생각해야 합니다. 그렇지 않으면 죽기 때문입니다. 하나님이 하려고 하시는 대로 사람들이 끌려가는 이야기가 씨름으로 나오고 역경으로 나옵니다. 아무 문제 없이 제대로 가는 것은 성경에는 없습니다. 성경 인물 중에는 처음부터 말 잘 들어서 제대로 된 모범생이 한 사람도 없습니다. 그런 모범생과 위인은 모두 우리가 만든 것입니다. 아브라함도 모세도 위인과는 거리가 먼 사람들이었습니다. 모세는 하나님께 말대꾸했습니다. 하나님이 죽이려고 하자 할 수 없이 바로에게 갑니다. 하나님께 의탁하면 하나님이 편안하고 만족스러운 삶을 주실 것이라는 착각을 깨뜨려야 합니다. 하나님은 우리를 경천동지하게 이끄실 것입니다. 이를 위해 하나님은 아들을 십자가에 못 박으시기까지 하셨습니다. 하나님이 고통을 좋아하셔서 그러시는 것이 아닙니다.

하나님이 만들고자 하시는 것은 영광입니다. 하나님이 만들고 싶어 하시는 것은 감사이고 찬송입니다. 하나님은 너무 커서 그 안에는 우리가 불행과 저주라고 생각하는 것까지 다 들어 있습니다. 음식에 고춧가루도 들어가고 식초도 들어가는 것처럼 모두 들어가 있습니다. 희망, 사랑, 승리만 아니라 눈물, 배신, 절망, 저주까지 다 우리 인생에 들어가 있고 하나님은 그것들로 놀라운 일들을 만드십니다. "하나님은 정말 그런 분이신가!" 이런 탄식과 경탄을 하는 것, 그것이 기독교입니다. 역사적 신앙관은 우리로 하여금 성경에서 그런 하나님을 보고 깨닫게 합니다.

4

모세를 찾아오신 하나님

우리는 출애굽기에서 하나님의 부르심에 모세가 반발하는 놀라운 광경을 봅니다. 노예 된 이스라엘 백성을 구원하시겠다는 위대한 계획에 모세가 반발합니다. 뜻밖에도 모세의 반발을 하나님은 수용하십니다. 한두 번이 아니라 여러 번의 반발에도 불구하고 하나님은 모두 받아 주십니다.

성경은 하나님이 하시려는 일과 우리가 바라는 기대가 얼마나 다른지를 보여 주는 데 관심이 있습니다. 잘 아는 대로 모세는 출생의 비밀을 갖고 있었습니다. 모세는 자신이 히브리 민족이라는 걸 알고 난 후, 같은 민족의 고통을 목격하고는 목숨을 걸고 그들을 편듭니다. 그렇다고 모세에게 특별한 계획이 있던 것 같지는 않습니다. 바로의 왕자라는 자신의 지위를 내세우고 히브리 민족이 뜻을 모으면 무시하지 못할 큰 세력이 되어 힘을 발휘할 수 있으리라 생각했던 것 같습니다. 자신의 분발에 이스라엘이 호응하지 않자 모세는 어쩔 수 없이 도망합니다. 이집트에서 도망갈 데라고는 광야밖에 없는데, 거기에서 40년을 지냅니다. 미디안 광야에서 제사장 이드로의 딸 십보라를 만나 아들을 낳고 이름을 게르솜이라고 짓습니다. "나그네 되었다"라는 뜻입니다. 자신의 처지를 생각하니 한탄스러웠던 것입니다. 그러던 어느 날 하나님이 시내산에서 모세를 부르셨습니다. 그날도 장인 이드로의 양 떼를 치러 호렙산에 오르던 중 떨기나무에 불이 붙었는데 나무가 타지 않는 신기한 광경을 목격하고 가까이 가려고 합니다. 그러자 하나님이 떨기나무로 오는 모세의 이름을 부르시고 말씀하십니다. "하나님이 이르시되 이리로 가까이 오지 말라. 네가 선 곳은 거룩한 땅이니 네 발에서 신을 벗으라. 또 이르시되 나는 네 조상의 하나님이니 아브라함의 하나님, 이삭의 하나님, 야곱의 하나님이니라"(출 3:5-6a).

하나님이 왜 모세에게 이런 방식으로 나타나셨을까요? 이언 토마스는 『그리스도의 구원의 능력』(생명의말씀사)에서 이렇게 해석합니다. 모세는 40년 전에 자신을 불태워 일하려고 했다. 그러나 그 불은 잠깐 불타올랐다가 이내 꺼지고 결국 재로 남았다. 그러나 하나님의 일은 모세가 보듯이 불붙은 떨기나무처럼 연료가 있어야 하는 것이 아니다. 하나님은 모세에게 하나님만이 원인이시며 방법이시며 연료라는 사실을 가르치시기 위해 떨기나무는 타지 않고 불만 타오르게 하신 것이다. 꽤 설득력 있는 해석입니다.

모세와 스스로 있는 하나님

하나님이 모세에게 "내 백성을 구하기 위해 너를 보내니 가라"고 하시자 모세가 이 부르심을 거절한 것은 40년 전의 실패, 자신의 진심과 충심을 외면하시는 것에 대한 원망이었습니다. 하나님이 여러 차례 말씀하시는데도 모세는 악착같이 거부합니다. 마지못해 하나님이 보냈다고 하면 그들이 어떤 하나님이 보냈냐고 물으면 누구라고 말해야 하냐며 하나님의 이름이 무엇인지 질문합니다. 구약에서 이름은 정체성을 뜻하기 때문입니다. 그러자 하나님이 자신을 "스스로 있는 자"로 알려 주시는데, 문법적으로는 말이 안 되는 이 말은 "나는 나다" "나는 내 마음대로 할 수 있는 존재다" "나는 뭐든지 할 수 있는 존재다"란 뜻입니다. 말하자면, 누군가의 도움이나 흔이 필요하지 않은 존재라는 뜻입니다. 그러나 여기서는 "나는 하나님이기를 결코 중단하지 않는 존재다" "나는 하나님 노릇을 언제 어디서나 하는 존재다"라는 뜻이 더 큽니다. 하나님은 어떤 분이시냐는 모세의 질문에 하나님은 매우 적확한 답을 하신 것입니다. "하나님, 그동안 뭐 하셨습니까"라는 모세의 질문에, 하나님은 "나는 하나님 노릇하고 있었다"라고 답하신 셈입니다. 하나님에 따르면, 모세의 광야 40년은 결코 허비된 시간이 아닙니다. 하나님의 손에 붙들린 이들에게 헛된 시간이란 존재하지 않습니다. 형들의 질투를 받아 노예상에 팔리고 무고한 일을 당해 억울하게 옥살이를 한 요셉은 마침내 정치적 안목을 갖춘 실력자로 성장했듯이 하나님의 자녀에게 무의미한 시간이란 없습니다.

    그럼에도 모세는 말주변이 없다, 자격이 안 된다는 별의별 핑계를 대며 거절합니다. 아론을 붙여 주시겠다는 하나님의 말씀을 듣고 나서야 모세는 이집트로 갑니다. 모세가 이집트에 가서 여호와 하나님이 백성을 구하러 나를 보내셨다고 이스라엘 장로들에게 말하자 그들이 모세를 환영합니다. 그러나 바로는 열 가지 재앙이 모두 내릴 때까지 항복하지 않습니다. 바로가 항복하지 않는 이 사건은 굉장히 심각한 문제입니다. 바울은 이 사건을 로마서 9장에서 이렇게 말합니다.

약속의 말씀은 이것이니 명년 이때에 내가 이르리니, 사라에게 아들이 있으리라 하심이라. 그뿐 아니라 또한 리브가가 우리 조상 이삭 한 사람으로 말미암아 임신하였는데 그 자식들이 아직 나지도 아니하고 무슨 선이나 악을 행하지 아니한 때에 택하심을 따라 되는 하나님의 뜻이 행위로 말미암지 않고 오직 부르시는 이로 말미암아 서게 하려 하사, 리브가에게 이르시되 큰 자가 어린 자를 섬기리라 하셨나니, 기록된 바 내가 야곱은 사랑하고 에서는 미워하였다 하심과 같으니라. 그런즉 우리가 무슨 말을 하리요. 하나님께 불의가 있느냐? 그럴 수 없느니라. 모세에게 이르시되, 내가 긍휼히 여길 자를 긍휼히 여기고 불쌍히 여길 자를 불쌍히 여기리라 하셨으니. 그런즉 원하는 자로 말미암음도 아니요, 달음박질하는 자로 말미암음도 아니요, 오직 긍휼히 여기시는 하나님으로 말미암음이니라. 성경이 바로에게 이르시되 내가 이 일을 위하여 너를 세웠으니, 곧 너로 말미암아 내 능력을 보이고 내 이름이 온 땅에 전파되게 하려 함이라 하셨으니, 그런즉 하나님께서 하고자 하시는 자를 긍휼히 여기시고 하고자 하시는 자를 완악하게 하시느니라. (롬 9:9-18)

이해하기 쉽지 않은 말씀입니다. 바로가 하나님을 대적하기로 선택했는지, 아니면 하나님이 그렇게 만드신 것인지는 성경의 표현만으로는 판단하기 어렵습니다. 이 문제는 차치하고 보통 우리는 이 구절을 대할 때 이런 질문을 합니다. "하나님이 나를 택하셨는지, 택하지 않으셨는지를 어떻게 알 수 있는가?" 그러면 이렇게 반문해 보겠습니다. 하나님이 나를 선택하신 것과 그렇지 않으신 것을 우리가 그렇게 확인하고 싶어 하는 이유는 무엇일까요? 왜 우리는 이 문제에 그렇게 관심을 가지는 것일까요? 우리의 구원을 책임지고 싶지 않기 때문은 아닐까요? 선택받았다면 하나님이 알아서 하실 것이니까 내가 책임져야 할 일이 없고, 선택받지 않았다면 아무리 노력해도 아무런 의미가 없으니까 책임질 일이 없다고 생각하지 않나요? 우리의 구원에서, 인생에서 책임지고 싶지 않은 것이 우리 속마음 아닐까요? 죄란 무엇일까요? 죄란 무책임한 곳으로 이끌어 가는 것입니다. 모든 책임을 하나님께 미루고, 자기 마음대로 하고 싶어 하는 것입니다. 그러면 하나님이 우리를 선택하셨다고 하면 정말 편할까요? 이것이 문제입니다. 우리가 하나님의 선택을 받았다면 모든 일이 잘되고 항상 승리하고 긍정적인 일만 생길까요? 성경은 오히려 끝없이 고난을 이야기합니다.

부활하신 예수님이 엠마오로 가는 두 제자를 만나십니다. 엠마오로 가는 동안 예루살렘에서 있었던 일들에 관해 이야기하는 그들에게 예수님이 물으십니다. "무슨 이야기를 그렇게 진지하게 하고 있는가?" "최근 예루살렘에서 일어난 일을 모르느냐? 메시아가 오셨는데 십자가에서 돌아가셨다. 우리는 그가 메시아일 줄 믿었는데, 낙담

이 너무 크다. 게다가 시체까지 없어졌는데 부활하셨다는 이야기를 들었다." 그러자 예수님이 이렇게 꾸짖습니다. "믿음이 없고 아둔하고 바보 같은 사람들아, 성경에 메시아가 고난을 통하여 영광에 들어간다고 구약성경 내내 예언하지 않았느냐!" 그런 후 예수님이 그들에게 성경에 기록된 자신에 관한 것을 자세히 설명하십니다. 날이 저물어 마을로 내려가 함께 거하시고 음식을 먹으시면서 떡을 가지고 축사하시고 떼어 그들에게 주시자 그들의 눈이 밝아져 예수님이심을 깨닫지만 이내 예수님이 사라지십니다. 두 제자는 놀라서 다시 예루살렘으로 돌아옵니다(눅 24:13-35 참조).

히브리서 5장 8-9절도 예수님에 대해 이렇게 말합니다. "그가 아들이시면서도 받으신 고난으로 순종함을 배워서 온전하게 되셨은 즉." 메시아이신 아들도 고난을 받으십니다. 그러나 오늘 우리는 예수 믿으면 고난은 없고 평안과 만사형통만 있다고 믿습니다. 천국 가는 것은 분명하지만, 눈물도 상함도 비명도 없는 천국과 억울함과 비루함, 고통이 있는 오늘을 무시간적으로 연결해 버려서 지금 현실에서 일어나는 일들을 이해할 수도 해석할 수도 없게 되었습니다. 그래서 잘못하면 벌을 받고 잘하면 상을 받는 정도의 기계적 신앙이나 예수 믿으면 만사가 형통하게 된다는 승리주의 신앙이 되어 버렸습니다. 고난당하지 않는 신자는 없습니다. 편안함만 있는 신앙생활은 없습니다. 정말로 우리에게 평안만 약속되었다면 신학교 가서 공부해서 지혜와 지식을 쌓을 필요 없이 기도하면 환상이 보이고 처다만 봐도 문제가 해결되어야 하는데 그렇지 않습니다. 하나님은 우리의 타락한 본성, 즉 용서받았음에도 불구하고 원죄가 끊임없이 우리를 흔들어 대는 조건 속에서 당신의 일을 하십시오.

주권자이신 하나님

성경은, 하나님은 하나님 마음대로 하신다고 말합니다. 누구에게는 악역을 맡기시고 누구에게는 선한 역할을 맡기신다고. 그러면 악한 역할을 맡은 자들은 억울하다는 생각이 듭니다. 그럴 수 있습니다. 그러나 악한 역할을 맡은 자는 선택받지 못한 자이고, 선택받은 자만 선한 역할을 맡는 것이 아닙니다. 이 모든 것은 하나님이 자기 백성을 만드시기 위해서 펼치신 하나님의 세계, 무대입니다. 악한 역할이나 선한 역할에 대해 선택과 예정과 유기 같은 신학 용어를 들이대기 전에, 이 모든 일들이 부름을 받은 우리의 유익을 위해서 그리고 우리를 만들기 위해 하나님이 쓰시는 도구라는 것을 먼저 알아야 합니다. 우리는 신앙생활을 하다가 힘들고 어려울 때 신자로서의 정체성을 회의하거나 자책하지 말고, 이 모든 일이 나를 위해, 나를 만들기 위해 있다고 생각하고 분발하는 계기로 삼아야 합니다. 실수와 잘못을 하지 않고 살 수는 없습니다. 그 대신에 잘못한 것이 우리 자신을 좌절이나 자포자기로 끌고 가지 않게 해야 합니다. "네가 잘못한 것마저도 너에게 유익하게 작용한다! 빨리 돌아서라. 그것이 안 되면 천천히라도 돌아서라. 하지만 늦게 할수록 손해다." 이것이 성경의 이야기입니다.

이런 의미에서 바로에게 일어난 열 가지 재앙은 바로가 아니라 이스라엘 백성을 가르치기 위한 하나님의 도구입니다. 바로 입장에서는 억울할 수 있습니다. 하나님이 그 무시무시한 권세와 힘을 이스라엘을 위해 자신에게 사용하시니 말입니다. 아홉 가지 재앙도 무시무시한데, 이집트에 있는 모든 생명 있는 것들의 맏이, 첫째가 죽어야 하는 마지막 재앙을 받아야 합니다. 이집트의 가축부터 바로의 집과 이집트 백성 모두의 맏이가 죽는 일이 일어나야 합니다. 성경은 하나님의 영광이 온 땅에 드러나기 위해 이 일이 필요했다고 말합니다. "이스라엘을 위해서 그리고 너를 위해 얼마나 많은 사람이 손해를 봤는지 아느냐? 얼마나 많은 사람이 죽었는지 아느냐?" 이런 뜻입니다. 이 말씀의 수사를 제대로 이해하지 못하면 이런 식으로 하나님의 영광이 드러나는 것이 성경적인가라는 질문을 하거나 선택과 유기 같은 자칫 사변적 문제로 빠질 위험이 있습니다. 성경이 가장 하고 싶은 이야기는 우리를 위해 하나님이 인류 역사를 통해 일하시고, 심지어 지는 해도 붙잡아 두실 정도로 열심히 일하고 계신다는 것입니다. 이런 이해, 즉 하나님이 우리를 향해 갖고 계시는 마음과 진정성에 대한 성경적 이해가 있어야 우리 삶에서 일어나는 일들, 우리의 신앙을 흔들거나 자신감을 떨어뜨리는 일들이 무슨 의미인지를 알 수 있게 됩니다.

모세는 홍해 앞에 섰을 때야 비로소 훌륭해집니다. 거기에서야 마침내 백성들이 원망하는 소리에 대해 이렇게 말하는 자리까지 갑니다. "너희는 두려워하지 말고 가만히 서서 여호와께서 오늘 너희를 위하여 행하시는 구원을 보라"(출 14:13a). 이런 의미에서 열 가지 재앙은 모세를 항복시키기 위한 것입니다. 40년 동안 쌓였던 모든 원망과 서러움들이 이 과정을 통해 다 녹아 내리는 것입니다. 그렇게 해서 마침내 모세는 죽을 때까지 멋있는 인물이 되게끔 만들어집니다. 진정한 지도자가 되는 것입니다. 우리는 모세가 처음부터 훌륭한 줄 압니다만, 그렇지 않습니다. 온갖 시련을 겪고 실패를 지난 다음에야 드디어 모세가 완성되는 것입니다.

이집트에서 구원하신 하나님

출애굽기는 모세에서 이스라엘 백성으로 초점이 전환됩니다. 이스라엘 백성이 광야에서 고단하고 힘들다고 원망합니다. 대표적인 예가 민수기 14장에 나옵니다. 민수기 14장은 가데스바네아에 갔다 온 정탐꾼들의 보고를 들은 이스라엘 백성이 모세에게 원망하는 장면입니다.

> 온 회중이 소리를 높여 부르짖으며 백성이 밤새도록 통곡하였더라. 이스라엘 자손이 다 모세와 아론을 원망하며 온 회중이 그들에게 이르되, 우리가 애굽 땅에서 죽었거나 이 광야에서 죽었으면 좋았을 것을 어찌하여 여호와가 우리를 그 땅으로 인도하여 칼에 쓰러지게 하려 하는가? 우리 처자가 사로잡히리니 애굽으로 돌아가는 것이 낫지 아니하랴. 이에 서로 말하되 우리가 한 지휘관을 세우고 애굽으로 돌아가자 하매, 모세와 아론이 이스라엘 자손의 온 회중 앞에서 엎드린지라. (민 14:1-5)

이스라엘 백성에게 하나님이 나타나셔서 당신에 대해 언급하실 때,

주로 두 가지 정형어구 중 하나를 사용하십니다. 하나는 "나는 너희 조상의 하나님, 곧 아브라함과 이삭과 야곱의 하나님"이고, 다른 하나는 "나는 너희를 애굽 땅에서 구원한 너희의 하나님"입니다. 그만큼 출애굽은 이스라엘에게 매우 중요한 사건입니다. 그런데 이스라엘 백성은 광야 생활에서든 가나안 정복에서든 어려워지기만 하면 후렴처럼 이집트로 돌아가자고 소리칩니다. 이는 매우 심각한 사건입니다. 이집트로 돌아가자는 이 말을 제대로 이해하지 못하면, 본문을 믿음으로 순종한 자와 그렇지 않은 자같이 도덕적·윤리적 차원 정도로 이해하게 됩니다.

출애굽의 목적은 이집트를 탈출하는 것 정도가 아니라 가나안으로 들어가는 것, 약속의 땅을 받기 위한 것입니다. 이는 창세기 15장에서 하나님이 아브라함에게 이미 하신 약속, 즉 아모리 족속의 땅을 너와 네 자손에게 줄 것이지만, 400년이 지나서야 그럴 것이라고 말씀하셨을 때 하신 약속입니다. 약속의 땅에 들어가려면 먼저 나와야 합니다. 출애굽 한 다음에야 가나안에 들어갈 수 있습니다. 그런데 여기서 이스라엘 백성은 탈출한 그 이집트로 다시 돌아가겠다는 것입니다. 이 대목에서 우리는 이집트는 무엇이고 가나안은 무엇인지 물어야 합니다. 즉 이집트로 돌아가는 것이 왜 큰 죄가 되는지, 이집트로 돌아가서는 안 될 이유가 무엇인지를 물어야 합니다. 이집트에서 이스라엘 백성은 종이었습니다. 반면에 가나안에서 이스라엘은 자유인입니다. 가나안 땅으로 들어가라는 것은 땅을 받는 것 이상으로 자유인이 되어 책임과 자유를 누리며 살라는 이야기입니다. 따라서 이집트로 돌아가자는 말은 하나님의 이런 초대와 요구를 거부하고, 자유인이 되어 사느니 그냥 종으로 살겠다는 못된 고집입니다.

이스라엘의 주장이 말도 안 된다고 생각하겠지만, 사실 우리도 그런 고집을 부릴 때가 많습니다. 우리는 보통 하나님의 뜻을 구하며 이렇게 기도하곤 합니다. "하나님, 제 모든 욕심을 내려놓습니다. 제 뜻대로 마시고 하나님의 뜻대로 하소서." 얼핏 보면 이 기도는 매우 신앙적인 고백처럼 들립니다. 하지만 이 기도는 종의 기도, 노예의 기도입니다. 이 기도는 자신은 아무런 책임을 지지 않겠다는 의미 곧, 생각도 선택도 고민도 하기 싫다는 의미를 담고 있기 때문입니다.

사랑과 믿음, 그리고 자유

기독교 신앙의 핵심을 잘 설명하는 두 개념이 있습니다. 믿음과 사랑입니다. 이 둘은 모두 관계와 관련되어 있는데, 관계란 상대의 지위가 동등한 것을 전제로 합니다. 믿음과 사랑은 권력이나 힘 같은 개념과 달리 상대와의 관계와 지위에서 동등해야 합니다. 자유로워야 하고 자발적이어야 합니다. 굴복이나 복종시키는 것으로는 결코 얻을 수 없는 것입니다. 믿음이란 어느 한쪽의 일방적인 것이 아니며, 사랑이란 누군가의 동정으로 할 수 있는 것이 아닙니다. 무엇이든 하나님께 구하라는 말씀이 굉장히 어려운 이유가 이것 때문입니다. 구했지만 받지 못했기 때문에 또는 반대로 응답받았음에도 불구하고 여전히 어려운 현실 때문에 우리의 기도와 소원이 바뀌고, 하나님을 아는 지식으로 더 나아가고, 신자로 살아가는 현실에서 열매가 맺히는 법입니다.

그런데 보통은 아무런 생각 없이 주문처럼 열심과 진정성만 가지고 기도함으로써 다시는 하나님을 찾을 필요가 없게 되는 것이 기도의 궁극적 목표가 되어 버렸습니다. 서로 만나서 생각을 나누고 대화를 주고받고 상대방의 뜻을 묻고 속을 털어놓는 관계에까지 성숙하지 못해서 오늘날 교회의 기도에는 시적 아름다움이나 여백 같은 것은 없고 축복을 받아 내는 공식이나 원리 정도가 되어 버렸습니다. 마치 모르는 사람에게 하는 것같이 되었습니다. "천지를 지으시고 인간의 생사화복을 주관하시는 여호와 하나님 아버지." 시작이 모두 천편일률적입니다. "지난 한 주간 동안도 죄만 짓고 왔습니다. 우리 죄를 사해 주시고 다시는 죄짓지 않고 살게 해 주소서." 이것만으로는 부족하니까 자신의 현실과는 거리가 먼 이야기를 합니다. "세계 곳곳에 있는 우리 선교사들을 지켜 주시고, 저 북한에 있는 동포들을 불쌍히 여기시고…." "나라의 위정자들이 하나님을 두려워하게 하시고…." 자기 이야기가 없습니다. 제대로 하는 기도란 "하나님, 제 마음이 흔들립니다. 하나님을 외면해서가 아니라 제 삶을 지키기에 제 믿음이 아직 부족해서 그렇습니다. 분발하겠습니다. 그러니 힘을 주소서." 다음에는 "어제 한 기도 그대로입니다. 하나도 나아진 것이 없습니다. 그저 한 번 더 봐주십시오. 다시 살아보겠습니다." 이렇게 기도해야 합니다. 서로 관계를 맺어야 합니다. 교제를 나눠야 합니다. 기도가 연례 보고서나 버킷리스트 같은 것이 되어서는 안 됩니다.

정상적인 관계란 서로의 지위가 동등해야 함을 전제하는데, 이 말은 자발성이 필수라는 뜻입니다. 자유인이 된다는 것, 자유인으로 산다는 것은 대단한 것입니다. 이것을 좀 더 현실적으로 적용해 보겠습니다. 갈라디아서 5장 1절에서 바울은 이렇게 말합니다. "그리스도께서 우리를 자유롭게 하려고 자유를 주셨으니, 그러므로 굳건하게 서서 다시는 종의 멍에를 메지 말라." 쉽게 말하면 '너희는 예수를 믿어 자유인이 되었다. 그러니 자유인답게 종의 멍에를 매지 말고 살라"는 뜻입니다. 보통 우리는 기독교와 신앙생활을 믿음과 구원 중심으로 말합니다. 자유에 대해서는 별로 말하지 않습니다. 영화 〈쇼생크 탈출〉을 기억하시죠? 영화에서 모건 프리드먼이 연기한 레드는 종신형을 선고받고 40년을 살다가 가석방됩니다. 보호관찰 기간 중 식료품점에서 물건을 포장하는 일을 하는데, 화장실 가는 것에 대해 관리자에게 항상 허락을 구합니다. 그러자 관리인이 짜증을 냅니다. 화장실 가는 건 허락을 받을 필요 없으니 가고 싶을 때 가라고 말입니다. 나중에 공원 벤치에서 고민을 합니다. "무서워! 이렇게 두려워하면서 살기는 싫어!" 무엇이 두려울까요? 왜 두려울까요? 감옥에서 교도관이 시키는 일만 하도록 교육받았기 때문입니다. 그곳에서는 자신이 결정하고 그 결정에 책임을 져야 할 일이 없었습니다. 그런데 이제 스스로 결정하고 책임지며 살아야 하니 두려운 것입니다.

놀랍게도 그리스도인으로서 우리도 자유인으로 사는 것을 두려워합니다. 책임을 져야 하는 자리이기 때문입니다. 전에는 시키는 일만 하면 아무 문제가 없었습니다. 이집트에는 먹고사는 게 필요한 거의 모든 것이 있었습니다. 그러나 거기에서 우리는 종입니다. 반면에 가나안에서 우리는 자유인입니다. 대신에 이곳에서 우리는 책임을 요구받습니다. 이곳은 스스로 자신을 만들고, 자신의 삶을 살아 낼 가치와 실력을 키워야 하는 곳입니다. 그래서 이집트로 돌아가자는 것은 생각 없이 무책임하게 살겠다는 나쁜 발상입니다. 가치나 희망이나 미래 같은 것은 필요하지 않다는 고집입니다. 출애굽 이후 광야 생활 내내 이스라엘 백성의 이 요구에 대해 히브리서 기자는 이렇게 말합니다.

> 그러므로 우리가 그리스도의 도의 초보를 버리고 죽은 행실을 회개함과 하나님께 대한 신앙과 세례들과 안수와 죽은 자의 부활과 영원한 심판에 관한 교훈의 터를 다시 닦지 말고 완전한 데로 나아갈지니라. 하나님께서 허락하시면 우리가 이것을 하리라. 한 번 빛을 받고 하늘의 은사를 맛보고 성령에 참여한 바 되고 하나님의 선한 말씀과 내세의 능력을 맛보고도 타락한 자들은 다시 새롭게 하여 회개하게 할 수 없나니 이는 그들이 하나님의 아들을 다시 십자가에 못 박아 드러내 놓고 욕되게 함이라." (히 6:1-6)

우리는 구원받았습니다. 죄의 종에서 구원받아 자유인이 되어 하나님이 원래 의도하셨던 하나님 형상의 영광의 자리로 가야 합니다. 그런데 죄인의 자리로, 종의 자리로 돌아가겠다고 합니다. 왜요? 책임지기 싫어서입니다. 책임을 진다는 것은 쉬운 일은 아닙니다. 엄밀히 말하면 고통스러운 일일 수도 있습니다. 하지만 책임을 지는 것은 비로소 자기 자신을 살 수 있는 기회입니다. 마음껏 살아 보는 것입니다. 자기 자신을 만들고 스스로 책임을 지고! 성경이 그토록 우리에게 많은 약속을 하시는 것이 이 때문입니다. 로마서 8장 전체는 우리가 하나님의 자녀로 구원을 받았기 때문에 이제부터 무엇도 그리고 누구도 영광과 승리의 자리로 가야 할 우리의 운명을 방해하지 못한다는 이야기입니다. 구약성경은 우리의 구원을 사건, 그림으로 설명하는데, 로마서 8장 1-2절은 구원 사건을 이렇게 해석하고 적용합니다. "그러므로 이제 그리스도 예수 안에 있는 자에게는 결코 정죄함이 없나니, 이는 그리스도 예수 안에 있는 생명의 성령의 법이 죄와 사망의 법에서 너를 해방하였음이라." "가 봐라! 혀 봐라! 하나님의 자녀에게 더 이상 정죄함 따위는 없다!"라는 뜻입니다. "우리는 마땅히 기도할 바를 알지 못하나 오직 성령이 말할 수 없는 탄식으로 우리를 위하여 친히 간구하시느니라"(26절). 성령이 우리를 위해 기도하십니다. "하나님을 사랑하는 자, 곧 그 뜻대로 부르심을 입은 자들에게는 모든 것이 합력하여 선을 이루느니라"(28절). "겁내지 마라. 하나님은 실패조차 유익한 결과를 낳게 하신다. 네 하나님은 창조와 부활의 하나님이다!"

기독교의 복음은 이렇듯 굉장하고 적극적인 것입니다. 그러나 이스라엘은 왜 이집트에서 데리고 나왔냐고 투정합니다. 잘 먹고 잘 살고 있었는데, 왜 데리고 나왔냐고 합니다. 그래서 시내산에서 금송아지를 만듭니다. 왜 금송아지를 만들까요? "보라, 이는 너희를 구원한 너희의 하나님이니라." 안심하고 싶어서입니다. 하나님도 안 보이고 하나님의 종 모세도 안 보이고, 어디로 가야 할지 몰라 불안한 마음을 달래기 위해 우상을 만듭니다. 신앙생활에서 모델로 삼을 사람이 있으면 조금 나을 텐데 현실은 그렇지 않습니다. 그래서 두렵습니다. 교회에는 그럴 만한 목회자가 있어야 하고, 선생이 있어야 합니다. 무엇보다 우리 자신이 그런 어른이 되어야 합니다. 우리 스스로가 커야 하고, 그리고 그런 우리를 보고 사람들이 커야 하고, 서로 보고 배우고 커야 합니다. 그런 어른은 어떤 과정을 거쳐서 만들어집니다. 그런 의미에서 사춘기는 인간의 성장에서 매우 중요한 과정입니다. 온갖 고민과 반발을 하는 시기로, 절망이나 자폭까지 경험하고서 결국은 한 사람의 어른으로 성장하는 시기입니다. 그러나 안타깝게도 오늘날 기독교 신앙은 그럴 기회, 시행착오를 인정할 분위기가 마련되어 있지 않기에 마땅히 있어야 할 그런 성장이 없습니다. 사람은 인격적 존재로 성격이라는 것을 갖고 있습니다. 성격이란 한 개인의 고유한 특성입니다. 고집이 세다든가 성미가 급하다든가 차분하다든가 하는 성격이 개인의 인생에서 잘 쓰이도록 양육되어야 하는데, 대부분의 사람들이 기계로 찍어 낸 것같이 천편일률적인 존재가 되어 버렸습니다.

명예로워질 기회를 받은 자유인

성경 전체가 이 싸움입니다. 자유인이 되어 영광을 입고 명예로워지며 위대해질 기회가 예수 그리스도로 말미암아 이제 우리에게 주어졌습니다. 이 사실을 제대로 깨닫지 못하고 잘잘못에 대한 이해만 가지고 늘 회개만 하고 있습니다. 회개를 하는 것이 틀렸다는 것이 아닙니다. 잘못을 부정하려고만 하고 그것으로 앞으로 나아가려고 하지 않는다는 것이 문제입니다. 그래서 매일 제자리입니다. 진전이 없습니다. 나아가야 하는데 성장이란 것이 없습니다. 아이가 크는데 너무 순진해서 거짓말을 할 줄 모른다고 하면, 이것은 심각한 병에 걸린 것입니다. 세상 물정은 하나도 모르고 몸만 큰 것과 같은 것이기 때문입니다. 보통 사람은 잘하고 싶은데 그렇지 못해서 거짓말을 하곤 합니다. 그렇게 해서라도 마음을 다잡고 싶은 것입니다. 때로는 거짓말이라도 해서 위기를 모면해야 할 때가 있습니다. 그런 생각과 행동을 한다는 것은 그가 크고 있다는 방증입니다. 물론 그 대신에 언젠가 갚아야 합니다. 누구에게요? 자신에게 갚아야 합니다. 무식했던 것, 못났던 것, 부끄러웠던 것, 무능했던 것을 고치고 성장하는 것으로 갚아야 합니다. 하나님이 예수님의 십자가로 우리를 자유인이 되게 하셨고, 또 우리를 충만한 존재로 살게 하시기 위해 우리에게 모든 것을 허락하신 그 시간을 살아 내야 합니다. 스스로 자신을 만들어 가야 합니다. 건물을 짓기 위해서는 땅부터 팝니다. 땅을 깊이 파는 이유는 그만큼 높이 짓겠다는 뜻입니다.

신앙생활의 현장과 현실이 하나님의 방법이란 것을 우리는 알아야 합니다. 큰다는 개념을 모르니 언제나 비슷한 이야기, 같은 이야기만 반복합니다. 우리가 속한 세상이라는 콘텍스트는 앞으로 나가고 있는데 우리라는 본문은 항상 똑같습니다. 그래서는 안 됩니다. 본문이 계속 커야 합니다. 나무가 자라고, 꽃이 피듯이, 열매가 맺히듯이 '나'라는 본문이 자라야 합니다. 전에는 씨앗이었지만 나무가 되어 열매를 맺고, 새가 집을 짓고, 어린아이가 나무를 타고 올라가 놀 수 있을 정도로 커야 합니다. 그것이 성경이 하고 싶은 이야기입니다.

내가 오늘 명하는 모든 명령을 너희는 지켜 행하라. 그리하면 너희가 살고 번성하고 여호와께서 너희의 조상들에게 맹세하신 땅에 들어가서 그것을 차지하리라. 네 하나님 여호와께서 이 사십 년 동안에 네게 광야 길을 걷게 하신 것을 기억하라. 이는 너를 낮추시며 너를 시험하사 네 마음이 어떠한지 그 명령을 지키는지 지키지 않는지 알려 하심이라. 너를 낮추시며 너를 주리게 하시며 또 너도 알지 못하며 네 조상들도 알지 못하던 만나를 네게 먹이신 것은 사람이 떡으로만 사는 것이 아니요, 여호와의 입에서 나오는 모든 말씀으로 사는 줄을 네가 알게 하려 하심이니라. 이 사십 년 동안에 네 의복이 해어지지 아니하였고 네 발이 부르트지 아니하였느니라. 너는 사람이 그 아들을 징계함같이 네 하나님 여호와께서 너를 징계하시는 줄 마음에 생각하고, 네 하나님 여호와의 명령을 지켜 그의 길을 따라가며 그를 경외할지니라. (신 8:1-6)

먹고 입고 살고 죽는 것이 다가 아니라는 뜻입니다. "인생은 그게 전부가 아니다. 인생이란 여호와의 입에서 나오는 말씀으로 사는 것이다." 여호와의 입에서 나오는 말씀으로 산다는 것은 그분이 우리에게 목적하신 운명, 결과, 가치, 정체성, 완성의 자리를 향해 우리가 결심하고 이해하고 따라감으로써 그런 존재가 되어야 한다는 뜻입니다. 어떤 업적을 남기거나 임무를 수행하는 것이 아니라 내가 되는 것, 그런 사람이 되는 것, 모든 시험과 위협과 자책과 부족한 모든 것에서 크는 것입니다. 마음껏 말입니다. "내가 사십 년 동안 너희를 어떻게 대했는지, 무엇을 했는지 봐라! 너희는 기껏해야 먹고

사는 것 외에는 요구한 것이 없다. 그런 식으로 생각하려면 차라리 이 집트가 낫다. 거기에는 도둑맞을 걱정도 없고 무엇을 덕을지 걱정할 필요도 없고 전쟁의 위협도 없기 때문이다. 그러나 거기에서 너희는 종이다. 나 하나님은 너희를 자유인으로 불렀다. 사십 년 동안 일어난 일들을 생각해 봐라. 내가 너희에게 무엇을 행했는지 생각해 봐라. 먹을 것이 없었냐, 입을 것이 없었냐, 너희 발이 상하기를 했냐? 내가 너희를 훌륭하게 만들기 위해 자유를 주었는데, 너희는 돌아갈 생각만 한다. 그냥 전처럼 살게 놔두라고 말한다. 자신이게 부끄러운 줄 알아라." 그러나 다시 이스라엘은 이렇게 말합니다. '아닙니다. 저희를 그냥 아무 생각 없이 살게 놔두십시오." 이런 모습이 구약 내내 반복되고 있습니다.

하나님 아들의 오심

요한복음의 핵심은 성육신입니다. 하나님이 인간으로 찾아오셨고, 인간 대 인간으로 만나는 동등한 자리까지 자신을 낮추셨습니다. 우리는 예수 안에서 하나님과 동등한 상대로 부름을 받았습니다. "아버지께서 내 안에, 내가 아버지 안에 있는 것같이 그들도 다 하나가 되어 우리 안에 있게 하사 세상으로 아버지께서 나를 보내신 것을 믿게 하옵소서"(요 17:21). 놀라운 말씀입니다! 예수님은 자신을 하나님의 아들이라고 부르시는데, 유대인들에게 부자 관계란 우리 문화와 달리 차별이 없이 동등한 지위를 뜻합니다. 우리 동양에서는 부자지간은 상하 관계를 뜻하지만 유대에서는 동등한 관계를 강조합니다. 그래서 바리새인이 예수님을 신성모독이라고 비난했던 것입니다. 그러자 예수님이 뭐라고 하셨나요? "시편에서 하나님을 사랑하는 자를 가리켜 신이라고 하지 않았느냐? 진짜 하나님의 아들인 내가 하나님의 아들이라 그러는데 뭐가 문제냐!" 하나님이 우리를 당신의 자녀로 부르셨습니다. 성육신의 핵심이 바로 이것입니다.

　기독교 신앙은 예수 믿고 천국에 가는 것처럼 단순하지 않습니다. 이것은 기독교 신앙을 매우 간략하게 단선적이며 직선적으로 축약한 말입니다. 이 말은 천국에 가서 영원히 살고 복락을 누리며 아무것도 안 한다는 이야기가 아닙니다. 성부와 성자와 성령의 연합, 교제, 그 영광, 아버지의 기뻐하심이 아들의 기쁨인 것, 아들이 아버지의 일을 수행하는 것을 영광으로 아는 것, 이것이 성경이 말하는 기독교 신앙의 정수입니다. 실존적 신앙관으로는 이런 기독교를 제대로, 충분히 알 수 없습니다. 실존적 신앙관은 부인할 수 없는 자기 경험이자 자기 확인이며 자기 고백이지만, 역사적 신앙관으로 보완하지 않으면 기독교의 이런 스케일, 복음의 이런 깊은 차원을 이해하지 못합니다. 실존적 신앙관과 역사적 신앙관 중 하나를 골라야 하는 문제가 아닙니다. 하나님은 영원 전부터 영원 후까지 하나님이시고 하나님의 최고의 목적은 우리, 인류, 당신의 형상입니다. 그래서 고린도전서에서 예수님을 맏아들이라고 말합니다. 맏아들이라는 것은 여러 형제 중 맏이를 말하는 것이기에 나머지 형제는 하나님이 예수 안에서 부르신 모든 신자를 의미합니다. 하나님의 아들들이 예수님과 동등한 위치에 있습니다. 사도 요한은 이 사실을 요한복음 15장에서 이렇게 표현합니다. "내가 너희에게 모든 것을 알게 하였으므로 너희는 내 친구다. 좋은 주인이 하는 일을 알지 못하지만 너희는 나한테 모든 말을 들었으니 너희는 내 친구라"(14-15절 참조). 예수님은 우리에게 동등한 지위를 부여하십니다. 이것은 신성모독이 아닙니다. 하나님 뜻의 가장 깊고도 놀라운 약속입니다.

이것이 역사적 신앙관으로 성경을 읽어 내는 방식입니다. 우리는 실존적 신앙관에 묶여 감동과 진정성에 매인 헌신, 충성에 함몰되곤 합니다. 예수님의 오심이 우리를 감동시키는 것은 그분이 우리의 지위와 정체에 대해 새로운 명예와 영광을 허락하신다는 사실 때문입니다. 원수를 사랑하라, 죽도록 충성하라, 아무것도 염려하지 말라 같은 약속은 이 세상의 없어질 것들에 의해 좌우될 수 없는 우리의 신분과 운명을 전제합니다. 역사와 현실이 사실인 것처럼 하나님의 일하심 또한 사실 그 이상입니다. 세상과 현실의 도전과 시험이 하나님의 목적과 뜻을 이루는 섭리와 기적이라면 우리의 신앙 자세는 더 위대하고 용감해져야 하지 않을까요.

5

광야에서 만난 하나님 1

기독교 신앙에는 수많은 왜곡과 오해가 등장합니다. 기독교 신앙을 여러 면에서 정의할 수 있는데, 그중에서 정통 기독교와 같이 예수님의 신성과 인성을 시인하면서도 예수님으로 말미암는 구원을 바르게 이해하지 못해 생긴 왜곡이 있습니다. 대표적인 예가 구원파입니다. 구원파는 그리스도인이 의롭다 함을 단번에 얻듯이 성화도 단번에 얻는다고 가르칩니다. 즉 예수님을 주님으로 고백할 때 구원에 관한 모든 과정과 결과가 완성된다고 믿습니다. 그래서 예수님을 믿고 난 다음에는 마음에 어떤 죄악된 생각이나 어떤 미혹, 한 점 흠도 없이 온전한 마음으로 신앙생활을 할 수 있다고 생각합니다. 신앙 현실에서 오는 어려움이나 존재론적 시행착오나 실수 같은 것도 생기지 않으며, 신앙생활에서 실패하는 것은 온전한 구원을 얻지 못했기 때문이라고 주장합니다.

이 구원파 신앙의 가장 큰 특징이 구원받은 감격, 죄 사함의 기쁨을 극단적으로 강조하는 것입니다. 문제는 구원의 감격 다음이 없다는 것입니다. 이런 구원과 신앙이 한국 교회에 만연해 있습니다. 구원받은 감격이 지난 후 찾아오는 막막함에 어쩔 줄 몰라 당황합니다. 사막 위를 걷는 것같이 기준이나 표적 같은 것이라고는 도무지 보이지 않는 모호하고 막막한 현실에 대해 아무런 답을 하지 못합니다. 그러나 이 막막함은 성화의 과정에서 당연한 것입니다. 기독교 신앙은 죽을 수밖에 없는 내가 구원받았다는 감격, 놀라운 하나님 은혜에 대한 감동 같은 정서적 고양이 전부가 아닙니다. 복음에 대한 바른 이해와 신앙 성숙에 있어 최고의 모습은 아량이나 관용입니다. 그런데 이 아량과 관용은 모든 존재와 삶의 이유를 나 중심이 아니라 하나님과 그분의 일하심을 중심으로 해서 아는 것에서 나옵니다. 도덕이나 윤리적 차원이 아니라 하나님과 그분의 일하심이 얼마나 크고 깊고 높은지를 아는 자의 겸손과 넉넉함에서 나오는 것입니다.

　워치만 니는 복음을 이런 식으로 이해한 대표 인물입니다. 1970년대, 한국 교회가 이제 막 부흥기를 맞으려 할 때 이분의 책에 많은 그리스도인이 은혜를 받았습니다. 그전까지 한국 교회는 『죽으면 죽으리라』(요단) 같은 일사각오의 순교 신앙을 강조하는 책의 영향을 받았습니다. 이 책은 당시 우리 교회가 신앙의 가장 큰 가치가 순교임을 감동적으로 서술한 신앙 서적입니다. 일제 아래에서 암울했던 시대를 믿음으로 건너온 이야기, 순교 신앙에 관한 이야기는 지금 읽어도 도전과 감동을 줍니다. 하지만 오늘 우리가 살고 있는 시대에 당시의 신앙 가치와 도전을 그대로 적용하는 것은 한계가 있습니다. 신앙을 위해 죽음을 불사한다는 것은 우리 믿음의 극진함과 진정성을 선명하게 보여 줍니다. 그러나 그것 자체로는 기독교의 풍성한 내용과 가치를 모두 담지 못합니다. 목숨을 바치는 것은 분명 가치 있고 대단한 일이지만 그것 말고는 담을 것이 없습니다. 한번 죽어 버리는 것으로 신앙의 가치를 말하는 것이 아니라 믿음으로 구질구질한 현실을 살아가는 것, 하나님 이야기를 오늘 살아 내는 것이 더 책임 있는 행위이며 신앙입니다. 죽음으로 믿음의 진정성을 드러내는 것은 중요한 신앙의 고백입니다. 그러나 기독교 신앙은 본래 현실을 살아 보라는 것입니다. 살아서 배우고 크고 성숙하라는 것입니다. 신자에게는 책임과 분별과 위대함을 향한 여정이 있다는 것입니다. 구원받은 인생의 시작은 하나님과 예수님과 죄와 구원을 깨닫는 것이고 그 은혜와 사랑의 감격이 존재와 인생을 바꾸어 놓습니다.

감격할 당시에는 뭐든지 할 수 있을 것 같은데, 인생은 그렇게 간단하지도 단순하지도 않습니다. 정서적으로 신앙적으로 고양되는 것으로 현실이 결코 대체되지 않습니다. 하나님도 그렇습니다. 하나님은 예수님을 십자가에 못 박는 자리까지 끌고 가셔서 복음을 성취하는 분이시지 오병이어나 기적 같은 것으로 구원을 성취하지 않으셨습니다. 삶이, 현실이 감격과 감동으로 살아지고 살아 낼 수 있는 것이라면 굳이 예수님이 십자가까지 지실 필요가 없으십니다. 왜 하나님은 구원의 감격을 승리와 만족으로 이어 가시지 않을까요? 감격 이후, 구원 이후에는 성화, 곧 자라남이 있습니다. 성화와 완성을 향해 가는 과정이 곧 시련이요 도전입니다. 이를 우리는 도무지 이해하지 못합니다. 구원파식 복음 이해가 한국 교회에 만연해 있는 것은 성화에 대한 이러한 이해가 부족하기 때문입니다.

부흥, 그 이후

부흥 시대를 맞은 한국 교회는 이후 국내외의 여러 선교단체로부터 큰 도움을 받습니다. 학생 선교단체를 통해 교회와 대학가에 부흥의 불길이 일어났고, 구원의 감격을 중시하고 그 감격에 따른 전도와 선교적 헌신을 중시하는 풍조가 한국 교회에 확산되었습니다. 그러나 교회는 날로 부흥했지만 부흥을 경험한 신자의 삶에서 부흥이 지속되지는 않았습니다. 노계(老鷄)라는 말이 있습니다. 구원의 감격을 뜨겁게 경험했지만 삶에서 감동과 희열을 지속하지 못한 채 이제 막 기독교에 입문한 신자들을 빈정거리고 판단하는, 모이만 먹고 알을 낳지 않는 늙은 닭 같은 교회 내 사람을 가리키는 말입니다. 요즘 말로 하면 '꼰대' 정도가 될 것 같습니다. 부흥 시대가 한참 교회를 휩쓸고 지나고 나자, 그런 이들이 교회에 넘쳐났습니다. 이것 때문에 많은 교회가 어려움을 당했습니다. 저는 개인적으로 그런 경험과 과정을 거치면서 왜 이 부흥이, 구원의 감격이 삶으로 연장되지 않는지에 대해, 즉 성화라는 주제에 대해 씨름하게 되었습니다. 그리스도인의 삶 속에서 일어나는 거룩해지는 과정과 싸움은 구원에 대한 감격만으로는 채워지지 않는다는 것을 보면서, 그렇다면 그 내용이 무엇이며 그것은 어떻게 만들어지는지를, 그리고 하나님은 무엇을 만들고 싶어 하시고 어떻게 만들어 가시는지를 고민하게 되었습니다.

지금도 여전히 많은 그리스도인이 구원받을 때의 감격과 구원받은 확신을 강조하고 완전무결한 신앙생활을 결심하지만 현실은 그렇게 단순하지도 만만하지도 않다는 것을 이제는 우리 모두 압니다. 사춘기에는 양면성이 있습니다. 기대와 희망으로 부푼 순진한 열정이 한 면이고, 세상이 단순하고 진실하지만은 않다는 것을 아는 절망이 다른 한 면입니다. 삶에는 이 둘이 복잡하게 섞여 나타납니다. 청년들은 왜 어른들은 이렇게 하지 않는가, 왜 어른들은 교회에서는 신자의 얼굴을 하지만 세상에서 불신자보다 못하느냐고 불만을 토로합니다. 그런데 이런 상황을 도무지 이해하지 못해 답답해하는 중에 자신도 그럴 수밖에 없다는 현실을 깨달으며 자신에게 절망하기도 하고 하나님을 원망하기도 하면서 방황하며 성장하는 것, 그것이 신앙입니다.

하나님의 속내를 깨달은 모세

출애굽은 했지만 가나안에 들어가지 못한 백성이 구원받았는지 받지 못했는지를 확인하기 위해 모세가 가나안에 들어가지 못한 이스라엘 백성과 같이 죽는 계기가 된 므리바 사건을 자세히 살펴볼 필요가 있습니다. 므리바 사건은 민수기 20장에 기록되어 있습니다. 이 사건은 가데스바네아 사건 이후에 일어난 일입니다. 여차저차 이집트에서 탈출은 했는데 광야 한가운데서 목말라 죽게 되자 이스라엘 백성은 그들을 이끌고 나온 모세를 원망합니다. 거기에다 가나안 땅에 보냈던 정탐꾼의 보고를 받고는 절망합니다. 그래서 모세와 아론을 죽이고 이집트로 돌아가겠다고 대듭니다. 그러자 하나님이 모세에게 명하여 반석을 쳐서 물을 내게 하시는 므리바 사건이 일어납니다.

하나님이 물을 구하는 백성을 위해 모세로 하여금 반석에서 물을 내게 하시는 사건이 구약성경에 두 번 나옵니다. 첫 번째는 홍해를 건너자마자 물을 달라는 이스라엘 백성을 위해 모세가 바위를 쳐서 물이 나게 하는 사건이고, 두 번째는 물을 구하는 백성을 위해 모세가 바위에서 물이 나오게 하는 사건입니다(출 17장; 민 20장). 그런데 모세는 두 번째 므리바 사건에서 반석에 명령을 내려서 물을 냈어야 했는데, 반석을 쳐서 물이 나오게 했습니다. 그리고 그 이유로 이스라엘 백성과 함께 가나안에 들어가지 못하는 벌을 받습니다. 이 난해한 본문을 두고 워치만 니는 풍유적이지만 흥미로운 해석을 합니다. 첫 번째 물을 내는 사건은 예수 그리스도의 수난을 상징하고, 두 번째 물을 내는 사건은 예수 그리스도의 승귀를 상징한다. 첫 번째는 예수님이 고난을 받으셔야 했기 때문에 모세가 바위를 쳐서 물을 내야 했지만, 두 번째는 예수님이 이미 대제사장으로 하나님 우편에 앉아 계시기 때문에 말로만, 즉 기도로 구해도 됐는데 모세가 이것을 깨닫지 못하고 그만 예수님을 두 번 고난받게 했기 때문에 가나안에 들어가지 못하는 벌을 받았다고 말입니다. 꽤 멋진 해석이지만 제 해석은 조금 다릅니다.

모세가 두 번째로 그들의 반발을 마주했을 때는 전보다 많이 화가 나 있던 것 같습니다. 민수기 14장에서 모세는 온갖 험한 꼴을 다 당하면서도 백성을 살려 냈습니다. 금송아지 사건이 일어났을 때도 하나님께 빌고 가데스바네아 사건 때도 하나님께 빕니다. 여호와라는 신이 자기 백성을 이집트에서는 구출했지만 가나안에는 들여

보내지 못했다고 이방인에게 놀림을 받을 수 있다고 하면서, "하나님, 이 백성을 죽이지 마십시오"라고 하나님을 달랬습니다. 그렇게 여기까지 그들을 이끌고 왔는데, 다시 그 원망을 들으니 결국 모세가 폭발했습니다. "모세가 그들에게 이르되 반역한 너희여, 들으라. 우리가 너희를 위하여 이 반석에서 물을 내랴 하고, 모세가 그의 손을 들어 그의 지팡이로 반석을 두 번 치니"(민 20:10-11). 말만 하면 되는데, 모세가 반석을 내리친 것입니다. 반석을 치는 모세의 이 행동에 대해 성경은 이렇게 말합니다. "너희가 나를 믿지 아니하고 이스라엘 자손의 목전에서 내 거룩함을 나타내지 아니"했다(민 20:12). 반석을 치면서 모세가 험한 말, 입에 담기 힘든 말을 했던 것 같습니다. 보통 험한 말을 할 때는 거기에 맞는 행동이 따르기 마련인데, 바위를 쳤던 것이 그런 행동이었던 것 같습니다. 그러자 하나님이 모세에게 "너도 이 백성과 같이 가나안에 들어가지 못한다"라고 말씀하신 것입니다. 마침내 모세가 그 말씀이 무슨 뜻인지를 깨닫습니다. "너는 이 백성을 구원하기 위해 세운 종이다. 이 백성이 실패해서 광야에서 죽는데 그들의 지도자인 너만 들어갈 수는 없는 것 아니냐!" 모세는 이스라엘을 구원하고 그들을 데리고 가나안에 들어갈 책임이 자신에게 있고, 백성들의 실패에 대해 지도자가 책임을 같이 져야 한다는 것을 이해했습니다.

그때 모세의 심정을 잘 담은 성경이 시편 90편입니다. 시편 90편은 모세가 이스라엘 백성의 완악함과 미련함과 어리석음을 고백하고 하나님 앞에서 자비를 구하는 시로 알려져 있습니다. 이 90편을 유진 피터슨은 『메시지』(복있는사람)에서 이렇게 탁월하게 번역합니다.

하나님의 사람 모세의 기도

하나님, 주님은 대대로 우리의 안식처이셨습니다.

오래전 산들이 생겨나기 전부터,

주께서 땅을 지으시기 전부터,

"아주 오랜 옛적"부터 "주님의 나라가 임할 때"까지,

주님은 하나님이십니다.

우리를 흙으로 돌려보내지 마소서.

"네 근원으로 돌아가라" 말씀하지 마소서.

참으소서! 주께서는 세상의 모든 시간을 쥐고 계십니다.

천 년이나 하루나 주께는 매한가지입니다.

주께서는 우리가 아련한 한순간의 꿈에 불과한지요?

해 뜰 때 멋들어지게 돋아났다가

속절없이 베이고 마는 풀잎에 불과한지요?

감당할 수 없는 주님의 진노에

우리는 옴짝달싹할 수 없습니다.

주께서는 우리의 모든 죄를 놓치지 않으시고

어릴 적부터 저지른 악행을 주님의 책에 낱낱이 기록하셨습니다.

우리가 기억하는 것은 잔뜩 찌푸린 주님의 얼굴뿐입니다.

우리가 받을 대가가 그것이 전부인지요?

우리 수명은 칠십 남짓

(운이 좋으면 팔십입니다).

그렇게 살아서 내놓을 것이 무엇이겠습니까? 고통뿐입니다.

수고와 고통과 묘비 하나가 전부입니다.

누가 그러한 진노를, 주님을 두려워하는 자들에게 터뜨리시는
그 노여움을 이해할 수 있겠습니까?
오! 우리에게 제대로 사는 법을 일러 주소서!
지혜롭게 잘사는 법을 가르쳐 주소서!
하나님, 돌아오소서. 언제까지 기다려야 합니까?
이제는 주님의 종들을 온유하게 대해 주소서.
새벽에 깨어 주님의 사랑에 놀라게 하소서.
그러면 우리가 종일토록 기뻐 뛰며 춤추겠습니다.
지금까지 힘든 나날을 주신 만큼, 이제 좋은 날도 주소서,
불행이라면 평생 동안 충분히 겪었습니다.
주님의 종들에게 드러내 주소서, 주님의 능하신 모습을.
주님의 자녀들을 다스리시고 그들에게 복 주시는 모습을.
주 우리 하나님, 은혜를 베푸셔서
우리가 하는 일이 잘되게 하소서.
오, 그렇게 해주소서. 우리가 하는 일이 틀림없게 해주소서.

(『메시지』 시편 90편)

하나님과 기독교를 그분의 거룩하심과 엄위하심 같은 두려움의 관점으로 이해하는 이들이 있습니다. 마틴 로이드 존스 같은 분들이 그렇습니다. 하나님의 엄위하심과 경이로우심 중심으로 신앙을 표현하는 이들은 신앙생활을 칼날의 위를 걷는 것같이 기술합니다. 이렇게 이해할 경우는 하나님과 복음의 위대함, 고결함, 광대함을 잘 드러낼 뿐 아니라 안일한 신앙생활에 대해 각성하고 분발하게 하는 장

점이 있습니다. 반면에 하나님과 기독교 복음을 아래로부터 이해하고 표현하는 인물이 있습니다. 유진 피터슨 같은 분들이 그렇습니다. 모세도 그랬던 것 같습니다. 예언서에서도 그런 관점과 표현을 자주 확인할 수 있습니다. 대표적으로 하박국이 그렇습니다. "하나님, 악당들을 제거해 달라고 했는데, 이방 민족을 불러 심판을 하시면 의인들도 같이 죽습니다. 주님, 이게 맞습니까? 하나님, 이게 말이 된다고 생각하십니까?" 이런 식으로 하박국이 하나님께 대듭니다. 그러자 하나님이 하신 말씀이 "의인은 믿음으로 말미암아 살리라"입니다. 쉽게 이해할 수 없고 그래서도 안 되는 말씀입니다. 왜냐하면, 의인은 믿음으로 산다는 하나님의 말씀을 들었으면 다음 장면에서 "그렇게 살겠습니다" 같은 각오가 등장해야 하는데, 그렇지 않습니다. 하나님의 엄위하심을 근거로 해석하고 적용하면, "어떤 일이든 믿음으로 헌신하겠습니다. 일사각오로 따르겠습니다"라는 다짐이 뒤따라 나와야 하는데 3장에는 뜻밖에도 찬송이 뒤따라옵니다. "비록 무화과나무가 무성하지 못하며 포도나무에 열매가 없으며 감람나무에 소출이 없으며 밭에 먹을 것이 없으며 우리에 양이 없으며 외양간에 소가 없을지라도, 나는 여호와로 말미암아 즐거워하며 나의 구원의 하나님으로 말미암아 기뻐하리로다. 주 여호와는 나의 힘이시라. 나의 발을 사슴과 같게 하사 나를 나의 높은 곳으로 다니게 하시리로다"(합 3:17-19). 우리의 일반적인 이해와는 전혀 다른 시각입니다. 하나님을 그저 복 받을 자에게 복을 주시고 벌 받을 자를 심판하시는 하나님, 공의로우신 하나님 정도로만 아는 자가 아니라, 어떤 어려움과 악조건 속에서도 결국 선을 이루시고 복을 만들어 내시는 하나님이심을 아는 자만이 할 수 있는 고백이기 때문입니다.

모세, 구원의 증인

"예언자의 마음으로 설교를 한다" "예언자의 심장을 가지고 산다"는 표현을 들어보셨을 것입니다. 보통 공의와 공평이란 주제를 다루며 사회정의를 말할 때 자주 사용하는 표현입니다. 하지만 이는 성경이 말하는 예언자의 마음과 태도와는 거리가 멉니다. 예언자의 마음이란 오히려 "제발 제발"처럼 간곡하게 사정하는 애끓는 마음입니다. 예언자, 하면 우리는 보통 검사나 판사처럼 무언가 권위 있고 위엄 있고 엄중한 사람으로 생각하지만 성경이 말하는 예언자의 모습은 사뭇 다릅니다. 우리 관점에서 보면 험한 자리, 애대한 자리에 서게 됩니다. 안타깝게도 우리는 아직 부모 마음같이 공감하는 사랑, 애환, 이런 차원이 매우 빈약한 기독교 문화 속에 삽니다.

모세는 그의 인생을 마무리하고 120세에 죽습니다. 모세라 하면 우리는 영웅으로, 모든 일의 승자요 넉넉한 자요 주인공으로 알고 있지만, 그의 생애에서 제일 놀라운 것은 왜 우리를 구원했냐고 이집트로 돌아가자며 원망하고 비난했던 이스라엘 백성과 40년 동안 광야 생활을 같이하고 결국 함께 죽은 것입니다. 그것은 무엇이 자신의 명예이자 책임인지를 아는 자, 즉 하나님이 일하시는 무대의 주인공으로서의 결말입니다. 놀랍지 않습니까? 이 사실이 놀라워야 예수님이 우리를 위해 십자가에서 죽으셨다는 진리를 실감할 수 있습니다. 그것은 어느 날 갑자기 한 번에 일어난 사건으로 되는 것이 아니라,

답답하고 막막한 시간 속에서 계속해서 부딪히는 일상을 통해 우리의 생각이 뒤집히고 우리가 기대하는 본질과 격과 차원이 조금씩 달라지는 것입니다. 도무지 이해할 수 없는 것을 구실 삼아 이스라엘 백성과 함께 죽으라고 하시는 하나님의 속뜻을 마침내 모세가 알아들었듯이 말입니다. 성경의 이런 묘한 결말을 통해 우리는 모세가 4대까지 보고 건강하게 살다가 평안하게 죽었다 같은 이런 결말과는 전혀 다른 죽음이 오히려 그의 전 생애에 걸쳐서 가장 아름다운 장면이고 가장 놀라운 증언인 것을 마침내 깨닫습니다. 그래야 우리가 바라는 뻔한 해피 엔딩이 아니라 우리를 위해 하나님이 그분의 아들을 십자가에서 죽게 내버려두실 것이라는 매우 충격적인 것을 상상할 수 있는 단계로 나아갈 수 있게 되는 것입니다.

감수해야 할 신앙이라는 현실

출애굽과 모세의 생애에서 또 하나 재미있는 대목은 신명기 30장에 나옵니다. 신명기 28장부터 시작해서 축복의 약속과 저주의 예언이 나옵니다.

내가 네게 진술한 모든 복과 저주가 네게 임하므로 네가 네 하나님 여호와로부터 쫓겨간 모든 나라 가운데서 이 일이 마음에서 기억이 나거든 너와 네 자손이 네 하나님 여호와께로 돌아와 내가 오늘 네게 명령한 것을 온전히 따라 마음을 다하고 뜻을 다하여 여호와의 말씀을 청종하면, 네 하나님 여호와께서 마음을 돌이키시고 너를 긍휼히 여기사 포로에서 돌아오게 하시되, 네 하나님 여호와께서 흩으신 그 모든 백성 중에서 너를 모으시리니. (신 30:1-3)

바빌론 포로가 신명기에서 이미 예언되고 있습니다. 이것을 어떻게 이해해야 할까요? 이렇게 이스라엘이 잘못될 것을 성경이 예언하고 있는 것을 어떻게 이해해야 할까요? 하나님이 아담과 하와를 지으시고, "선악과를 따먹으면 안 된다. 그런데 너희는 틀림없이 선악과를 따먹고 벌을 받을 것이다"라고 하셨다면 어떤 생각이 드나요? 아마 대부분은 "그걸 왜 만드셨어요"라고 반문할 것입니다. 신명기에서 모세에게 주어진 예언들은 마치, 하나님이 사람을 당신의 모양과 형상으로 지으실 때 "선악과를 만들어 놓고 먹는지 안 먹는지 두고 보자"라고 하셨을 것처럼 들립니다. "잘못할 것을 예언하는 악의를 하나님이 품으실 수 있는가"라는 질문에 우리는 하나님은 그러실 수 없다고 생각합니다. 하지만 사실 이것은 그럴 수 있고 없고의 차원이 아닙니다. 한 인생이라는 현실을 걷다 보면 피할 수 없는 거침돌들이 있습니다. 결혼한 지 얼마 되지 않는 시기를 우리는 허니문이라고 부릅니다. 하지만 사랑은 생활입니다. 사랑이 언제까지나 뜨겁고 행복은 영원할 것 같지만 결혼은 이벤트가 아닙니다. 사랑의 처음은 뜨겁고 강렬하지만 사랑의 완성을 위해서는 정열이 아니라 실력이 있어야 합니다. 헤어지는 것이 싫어서 같이 살기로 했는데, 살아 보니 정작 같이 있는 것이 그렇게 힘들 줄 몰랐습니다. 아이를 낳아서 기쁘지만 자식 때문에 평생 마음고생을 합니다. 먹고살기 위한 직업이 두 사람을 더 괴롭힙니다. 아내는 아내대로 남편은 남편대로 서로 고

생합니다. 자식을 낳으면 또 다른 세계가 열립니다. 드디어 부모 마음을 갖게 됩니다. 사랑이 아름다운 꽃, 솜사탕 같은 것이 아님을, 거기서 더 나아가야 하는 것임을 알게 되는 것입니다. 할아버지, 할머니가 되면 또 거기서 더 갑니다. 자기 자식을 키우는 것 하고는 차원이 다릅니다.

하나님이 이스라엘 백성의 역사에서 부정적인 예언을 하시는 이유는, 이것이 목적이 아니라는 것을 우리로 알게 하기 위해서입니다. "너희가 감당해야 할 도전이 아직 더 있다. 꼭 일어나야 할 것은 아니지만 다른 나라에 잡혀가는 것에 준하는 도전과 실패, 그로 인한 피눈물을 흘려서라도 꼭 통과해야 하는 과정이 있다." 이것이 성경이 말하는 예언입니다. 죽음으로 자신의 신앙을 증명하고 믿음을 확인하는 정도가 아니라 자질구레한 현실을 사는 것으로 신앙을 증명하고 확인하는 것이 훨씬 힘든 일입니다. 부부가 되어 사는 것이 너무 힘들어서 때로는 헤어집니다. 못 할 짓인 걸 알지만 그렇다고 같이 사는 것보다 낫기에 어쩔 수 없는 결정을 합니다. 후회할 걸 알지만 다시 같이 살려고 해도 살 수가 없어 어려운 결정을 내리는 것입니다. 찢어지고 다시 붙고 붙었다가 다시 찢어지는 엄청난 시련과 도전이 우리 앞에 있습니다. 우리에게는 고통으로 생각할 수밖에 없고, 원한이고 후회이고 악몽인 그곳, 하나님은 하나님 되신 책임과 권능과 지혜로 우리를 그 자리까지 데리고 가실 것입니다.

예수님은 승천하셨지만 쉬고 계신 것이 아니라 하나님 보좌 우편에서 지금도 우리 편을 들고 계십니다. 그래서 히브리서는 이렇게 말합니다. "예수님이 너희를 너희의 존재와 경우와 현실을 혼자 견디도록 놔두시지 않고 하늘 보좌 우편에서 대제사장으로 편들고 계신다. 그러니 힘을 내라. 더 해 봐라"(히 7:24-8:1 참조). 이것이 성경의 증언입니다. 그러니 두려워 말고 하나님을 의지하고 더 나아가십시오. 뭐든 해 보십시오. 그것이 지금 우리에게 허락되어 있습니다.

6

광야에서 만난 하나님 2

우리는 계속해서 실존적 신앙관을 역사적 신앙관으로 보완하는 작업을 하고 있습니다. 개인 경험과 이해를 바탕으로 하나님의 뜻과 성경을 해석하는 실존적 신앙에는 한계가 있기 때문입니다. 우리의 경험과 이해의 지평을 넘어 성경이 말하는 바를 성경적으로 더 바르게 그리고 온전히 이해하기 위해서는 역사적 신앙의 도움을 받아야 합니다. 성경적으로 바르고 온전히 이해한다는 것은 이런 것입니다. 문학 작품에는 구성과 스토리와 메시지가 있습니다. 문학이란 인간의 작품이기에 그 안에 돌연한 이야기의 전개나 발전이 있더라도 작가가 말하고자 하는 바를 얼마든지 이해할 수 있습니다. 하지만 성경은 그런 문학 작품과는 사뭇 다릅니다. 이해하기 쉽지 않은 것은 물론이고 도무지 말이 되지 않는 이야기들로 가득합니다. 그래서 성경에 자주 등장하는 수사 중 하나가 '역설'입니다. 성경에는 역설이 자주 등장합니다. 역설이란 모순되고 부조리한 것으로 진실을 드러내 보여 주는 방법입니다.

『세잔의 사과』(한길사)라는 책이 있습니다. 프랑스 후기 인상파 화가 폴 세잔의 삶과 미술 세계를 독특한 시각에서 해설한 책입니다. 책에 따르면, 세잔은 아내 사랑이 각별했습니다. 그래서 아내의 초상화를 여러 점 남겼습니다. 그런데 그 초상화들이 모두 습작같이 성의 없게 그려져 있습니다. 책의 저자는 세잔이 왜 아내의 초상을 그렇게 그렸는지를 추리하고 나름의 답을 제시합니다. 그에 따르면, 아내의 아름다움을 인간의 기술로는 도무지 표현할 방법이 없어서 세잔이 아내의 초상을 그렇게 그렸습니다. 인간의 기술을 사용하지 않음으로써 사람들로 하여금 그림을 보고 아름다움을 상상하도록 했다는 것입니다. 이것이 역설입니다. 그러나 우리의 역설은 이처럼 무언가를 하지 않거나 뒤집는 것이지만, 성경의 역설은 그 이상의 의미가 있습니다. 예를 들면, 죽음의 역설이란 우리의 이해 범위 밖에 있습니다. 성경은 죽음을 뒤집고 부활이 나왔다고 말합니다. 세상에는 부활이란 개념이 없습니다. 부활은 본질적으로 기독교에서만 일어나는 것입니다. 세상은 무언가를 뒤집어 무언가를 만들어 내는 실력이 없습니다. 잘 되던 것이 뒤집어지는 경우는 있습니다. 배신이나 추락 같은 것이 있지만 안 되던 것이 뒤집혀 최고와 최상을 뛰어넘는 것을 만들지는 못합니다.

자유와 책임과 실력

역사적 신앙관으로 구약을 볼 때, 자유와 책임은 기독교 신앙의 중요한 주제입니다. 앞에서 언급했듯이 기독교 신앙을 대표하는 덕목인 사랑과 믿음은 동등한 관계, 지위에서만 성립합니다. 사랑과 믿음은 강요할 수도 조작할 수도 없는 것으로 오직 실력이 있어야 가능합니다. 어떤 실력일까요? 상대방과 동등하게 가치를 서로 나눌 수 있는 자발성, 즉 자유가 일단 있어야 합니다. 사랑은 강제력이나 이해관계나 기계적 방법 같은 것으로는 성립하지 않습니다. 사랑과 믿음의 관계를 만들어 가는 것, 즉 자유를 얻는 과정이 성경의 주요 내용입니다. 성경이 우리의 실패에 관해 이야기할 때 우리는, 하나님이 자유와 책임이 우리의 명예임을 깨닫게 하기 위해 우리의 시행착오와 후회를 돌아보게 하신다고 이해해야 합니다. 이런 관점에서 우리는 모세의 삶까지 추적해 왔습니다. 모세는 이 자유를 만들기 위해, 하나님과의 사랑과 믿음의 관계를 만들기 위해 우리를 이집트에서 구원해야 합니다. 이집트에서의 해방이 구원으로 등장하는 것입니다. 그러나 이 해방은 인류를 포기하지 않고 원래 창조 목적을 이루겠다는 하나님의 구원 계획을 전제로 일어납니다. 그리고 마침내 하나님이 범죄한 인간들을 구원하기 위해서 믿음이라는 방법을 도입하십니다. 믿음은 하나님이 전적으로 하시는 일입니다. 하나님이 다 하신다는 말에는 믿음 안에 우리를 깨우쳐 우리로 하여금 책임을 지는 자리까지 이끄신다는 것이 포함되어 있습니다. 우리가 책임져야 할 것이 아무것도 없다는 뜻이 아니라 책임지는 존재가 될 때까지 우리를 붙잡으시겠다는 하나님의 선언인 셈입니다. 그래서 구원은 은혜입니다. 믿음은 구원받는 자들이 내놓아야 할 구원의 조건이 아닙니다. 대신 그 안에는 구원의 목적으로서의 자유와 책임이 있습니다. 신자들의 자유와 책임을 이해하는 과정이 이스라엘 역사의 실패로 드러나는 것입니다. 신명기 33장에는 모세가 이스라엘 백성의 여러 실패에 대한 언급과 앞날에 관한 마지막 유언을 하는 장면이 나옵니다. 28장부터 복 받는 조건, 벌 받는 조건, 경고와 격려가 나오는 중에 30장에 내가 너희 앞에 복과 저주와 생명과 사망의 길을 두었는데 복 받기 위해서 생명의 길을 택하라는 말씀이 나오고, 33장에서 이스라엘 백성을 축복하고 그 축복의 끝에 묘한 이야기가 등장합니다. 신명기 33장 29절입니다.

> 이스라엘이여, 너는 행복한 사람이로다. 여호와의 구원을 너같이 얻은 백성이 누구냐? 그는 너를 돕는 방패시요 네 영광의 칼이시로다. 네 대적이 네게 복종하리니, 네가 그들의 높은 곳을 밟으리로다.

자칫 잘못 읽으면 승리주의나 선민의식 같은 이야기로 보이지만 역사적 신앙관으로 보면 앞으로 있을 일들이 힘들고 어렵겠지만 그 모든 것은 하나님이 우리에게 영광을 주시기 위한 길이며, 하나님이 마침내 승리할 것이라는 경탄의 말씀입니다. 그런데 이 말씀 전에 28장에서는 이런 경고의 말씀이 나옵니다.

> 네가 만일 이 책에 기록한 이 율법의 모든 말씀을 지켜 행하지 아니하고, 네 하나님 여호와라 하는 영화롭고 두려운 이름을 경외하지 아니하면, 여호와께서 네 재앙과 네 자손의 재앙을 극렬하게 하시리니, 그 재앙이 크고 오래고 그 질병이 중하고 오랠 것이라. 여호와께서 네가 두려워하던 애굽의 모든 질병을 네게로 가져다가 네 몸에 들어붙게 하

실 것이며, 또 이 율법책에 기록하지 아니한 모든 질병과 모든 재앙을 네가 멸망하기까지 여호와께서 네게 내리실 것이니, 너희가 하늘의 별 같이 많을지라도 네 하나님 여호와의 말씀을 청종하지 아니하므로 남는 자가 얼마 되지 못할 것이라. (중략) 네 마음의 두려움과 눈이 보는 것으로 말미암아 아침에는 이르기를 아하, 저녁이 되었으면 좋겠다 할 것이요, 저녁에는 이르기를 아하, 아침이 되었으면 좋겠다 하리라. 여호와께서 너를 배에 싣고 전에 네게 말씀하여 이르시기를, 네가 다시는 그 길을 보지 아니하리라 하시던 그 길로 너를 애굽으로 끌어 가실 것이라. 거기서 너희가 너희 몸을 적군에게 남녀 종으로 팔려 하나 너희를 살 자가 없으리라. (신 28:58-68)

나라가 뽑힐 것이라는 말씀이 가나안에 들어가기도 전에 나옵니다. 이스라엘이 바빌론 포로가 된 역사적 결과를 보면, 성경은 결국 결정론적 또는 운명론적인가 하는 생각이 듭니다. 하지만 자유를 결정론적으로 이해해서는 안 됩니다. 성경은 결코 그렇게 말하지 않습니다. 성경은 오히려 자유에 대해 훨씬 많은 말을 합니다. 인간은 자유의지를 가진 존재라고 말합니다. 그러나 그 자유를 우리는 바르게 이해해야 합니다. 자유란 선택권입니다. 그리고 그 선택은 옳고 그른 것을 판별하는 지식에 근거하기보다 인간의 가장 중요한 본성, 변덕 위에서 생깁니다. 변덕은 왜 생기나요? 변덕이 생기는 이유는 무엇일까요? 실력이 없어서입니다. 실력이 없어서 변덕이 생깁니다. 실력이란 분별력이라는 덕목을 갖추고 있어야 발휘되는 것입니다. 자유가 선택권이라면 선택하기 위해선 분별력이 먼저 있어야 합니다. 그러면 분별력은 어떻게 생기는 것일까요? 지혜가 있어야 합니다. 그러면 지혜는 어디서 생길까요? 경험에서 생깁니다. 그러면 경험에서 지혜가 자동으로 나오나요? 그렇지는 않습니다. 경험이나 시행착오 자체는 지혜를 만들지 못합니다. 경험에서 지혜를 얻을 수 있다는 보장이 우리에게는 없습니다. 여기에 은혜의 자리가 있습니다! 은혜가 여기서 작동합니다.

우리는 은혜를 나 중심으로, 내 문제를 해결하는 도구 정도로 이해하고 사용하는데, 은혜란 그 정도가 아닙니다. 하나님께 구하면 뭐든지 되는 것이 은혜가 아니라 내가 실력을 갖게 만드는 것, 그것이 은혜입니다. 나를 만드는 것입니다. 실패하지 않고 후회하지 않고 절망하지 않는 것을 은혜라고 흔히 잘못 생각합니다. 아닙니다. 은혜란 실패했지만 후회스럽지만 절망스럽지만 결국 그것이 내게 유익이 되게 만드는 것입니다. 그 유익은 실패를 없었던 것으로 만들거나 실패를 만회하는 것 정도가 아닙니다. 그보다 더 적극적으로 실패를 역전시켜서 유익하게 만드는 것입니다. 그것이 하나님의 역사이고 우리의 인생입니다. 우리가 겪은 일들이 이래야 했다는 것을, 그건 아니었다는 것을 깨닫게 하는 것이 은혜입니다. 그리고 이 모든 것을 합쳐서 실력이라고 합니다.

신명기 33장은 하나님이 이스라엘 백성에게 어떻게까지 하실지를 가르쳐 주는 모세의 설교이자 유언입니다. 모세는 이 설교에서 이스라엘 백성에게 하나님이 주시려는 것이 무엇인지를 알려 줍니다. 광야에서의 40년 방랑 생활을 돌아보며 모세가 돌연히 이스라엘 백성을 향해 축복의 선언을 합니다. "너희는 복 받은 백성이로다! 여호와께서 너희를 어떻게 대접하고 있는지 보라!"는 감탄이 나옵니다. 이것이 갑작스러운 이유는 광야 생활이 결코 복되어 보이지 않기 때문입니다. 오히려 정반대로 죽도록 고생한 인생이었는데도 그 과정이 헛되지 않고 복되다고 합니다. 이어지는 여호수아, 사사기, 사무엘기, 열왕기에서도 비슷한 양상이 계속됩니다. 이스라엘 역사 내내 못나게 행동하는 이스라엘에게 하나님이 어떻게 인내하시며 신실하게 이들을 이끌어 가시는지를 보여 주는 역사가 반복됩니다. 신명기 8장 초반에 해석이 쉽지 않은 말씀이 나오는데, 이 말씀은 왜 하나님이 그렇게 하시는지에 대한 단서를 제공합니다.

> 내가 오늘 명하는 모든 명령을 너희는 지켜 행하라. 그리하면 너희가 살고 번성하고 여호와께서 너희의 조상들에게 맹세하신 땅에 들어가서 그것을 차지하리라. 네 하나님 여호와께서 이 사십 년 동안에 네게 광야 길을 걷게 하신 것을 기억하라. 이는 너를 낮추시며 너를 시험하사 네 마음이 어떠한지 그 명령을 지키는지 지키지 않는지 알려 하심이라. (중략) 이 사십 년 동안에 네 의복이 해어지지 아니하였고 네 발이 부르트지 아니하였느니라. 너는 사람이 그 아들을 징계함같이 네 하나님 여호와께서 너를 징계하시는 줄 마음에 생각하고, 네 하나님 여호와의 명령을 지켜 그의 길을 따라가며 그를 경외할지니라. (신 8:1-6)

사람이 떡으로만 살지 않는다는 말씀은, 인간은 종속적인 존재가 아니라 성숙하고 완성되는 존재라는 뜻입니다. 인간은 먹고사는 것이 가장 중요한 물질적인 존재가 아니라 하나님 앞에 있는 영적인 존재라는 단순한 의미가 아닙니다. 여호와의 말씀으로 산다, 하나님이 천지를 말씀으로 창조하셨다, 말씀이 육신이 되어 우리 가운데 거하신다는 성경 구절에서 '말씀'은 어떤 대상을 향한 행위라는 것이 가장 중요한 의미입니다. 말은 상대방을 전제로 합니다. 그런 의미에서 이 말씀은 "나는 너희를 나의 상대자로 대하고 너희를 위해 그리고 너희와 함께 무언가 하려고 하는데, 너희는 떡만 생각했다. 그것이 광야 생활이었다!" 이렇게 꾸짖으시는 것입니다. 히브리서 12장은 이 말씀을 그대로 인용하면서 우리가 당하는 어려움이 우리를 향한 하나님의 징계라고 말합니다. 그런데 여기서 징계란 단어는 벌을 준다는 개념이 아니라 훈련, 양육, 훈육이라는 뜻입니다. 육체만 아니라 정신을 포함해 하나님은 인간을 전인격적으로 구원하고 기르십니다. 거기에 많은 꾸중과 훈련이 있습니다. 그 훈련은 책망을 듣지 않는 상태에 이르는 것이 목적이 아니라 어리석음과 무지함과 실수에서 성숙과 영광의 자리로 나아가는 것을 목표로 합니다. 우리는 보통 구원 안에 약속된 거룩과 영광과 승리를 형통, 번영, 안심 같은 것으로 이해합니다. 하지만 성경은 그렇게 말하지 않습니다. 성경은 예수님이 십자가를 지셔야 한다고 고집하는 종교입니다. 죄와 죽음을 이기기 위해서는 먼저 예수님을 따라 자기 십자가를 져야 하는 종교입니다. 그리스도인이란 벗어 버릴 수 없는 십자가를 지는 존재입니다. 이것이 우리를 만드시는 하나님의 방법, 즉 우리가 기대하고 바라는 것이 아니라 하나님이 그분의 형상대로 우리를 창조하실 때 염두에 두셨던 거룩과 영광의 상태로 이끄시는 하나님의 방법입니다.

너희는 다시 무서워하는 종의 영을 받지 아니하고 양자의 영을 받았으므로 우리가 아빠 아버지라고 부르짖느니라. 성령이 친히 우리의 영과 더불어 우리가 하나님의 자녀인 것을 증언하시나니 자녀이면 또한 상속자 곧 하나님의 상속자요 그리스도와 함께한 상속자니 우리가 그와 함께 영광을 받기 위하여 고난도 함께 받아야 할 것이니라.

(롬 8:15-17)

이것이 근원적으로 창세기부터, 역사적으로 출애굽 사건에서부터 우리의 정체성에 대해 계속해서 질문하는 이유입니다. "너희가 어디에 있느냐, 너희는 누구냐? 너희는 떡으로만 사는 존재가 아니다. 너희는 나의 대상이다. 나의 파트너다!" 인간의 존재 근거는 하나님이십니다. 하나님이 우리를 창조하셨기 때문이 아니라 하나님이 우리를 당신의 믿음과 사랑의 대상으로 목적하고 있기 때문입니다. 우리의 존재와 정체성이 여기에 근거합니다. 기독교 신앙이란 우리의 최대치, 우리의 최선, 우리의 능력으로 우리의 존재와 정체성을 확보하는 것이 아니라 창조주 하나님이 우리에게 당신의 사랑과 믿음의 대상이 되기를 요구하셔서 생기는 훈련과 성숙과 완성을 우리의 존재 이유와 가치로 얻는 것입니다.

천국을 쟁취하는 자, 여호수아

역사적 신앙관으로 우리는 여호수아기를 어떻게 읽어야 할까요? 성경을 자유와 책임을 지는 존재로 우리를 만들어 가시는 역사로 이해할 때 여호수아기에서는 그 과정이 가나안 땅을 정복하고 차지하는 것으로 나타납니다. 기업을 얻는 것입니다. 보통 우리는 땅과 하늘을 구별하듯이 이 세상과 천국을 구별합니다. 하지만 성경은 우리의 이런 이원론적 이해와는 거리가 멉니다. 하나님이 세상을 지으시고 그분의 형상을 따라 인간을 창조하셨습니다(창조). 에덴동산이 있던 세상은 원래 하나님의 나라인데 죄가 들어와 타락하는 바람에 망가졌습니다(타락). 고통 중에 신음하고 있는 우리와 세상은 예수 그리스도로 말미암아 구원을 받아 새로운 삶, 영생을 누립니다(구속). 그리고 종말에 가서 우리는 이 세상이 변화된 새 하늘과 새 땅을 천국으로 맞이하고 그곳에서 변화된 육체로 거하고 하나님 나라를 온전히 누립니다(완성).

지금 변변하지 않게 신앙생활을 하는 우리에 대해 성경은 예수를 믿으면 "누구든지 그리스도 안에 있으면 새로운 피조물이라. 이전 것은 지나갔으니 보라 새 것이 되었"다고 말합니다(고후 5:17). 예수 안에 있으면 새 사람, 새 생명이 됩니다. 환경에서나 완성의 차원이 아니라 존재와 신분에 있어서 그렇다는 뜻입니다. 하나님의 유업을 잇는다는 것은 창세기에 나오는 표현으로는 세상을 다스리는 주인 노릇을 한다는 뜻입니다. 커피가 아직 대중화되지 않은 1980년대에 커피를 대접받는 것은 귀한 일이었습니다. 하루는 심방을 간 집에서 커피를 대접해 주는데, 그분이 이런 말을 합니다. "목사님, 천국에도 커피가 있을까요?" 여러분 생각은 어떻습니까? 그 이상이 있겠죠! 당연하지 않을까요? 천국의 커피 맛은 기가 막힐 것입니다. 우리의 상상을 초월할 것입니다. 천국을 상상하기에 우리의 상상력은 너무나 빈약합니다. 막연하고 구체적이지 않습니다. 그래서 여호수아기에서 하나님은 땅이라는, 가나안을 정복하는 구체적인 사건으로 하나님의 일하심을 보여 주십니다.

성경은 구원을 그리스식 이원론으로 물질과 정신세계로 나누거나 자연과 초월로 나누지 않습니다. 이것이 성경이 사랑이나 믿음을 사변적인 개념이 아니라 한 존재가 살아 내야 하는 실력이라고 말하는 이유입니다. 사랑과 믿음이 현실에서 작동하지 않습니다. 그저 모호하고 개념적인 명분이 되어 버렸고, 인격과 성품과 구체적 실력이 되지 않습니다. 사실 땅이라는 구체적 현실은 아브라함부터 본격적으로 나옵니다. 약속의 땅이 있고, 그 약속된 땅에 들어가서 자유인으로서의 삶을 살아 보라는 것입니다. 살아 내야 할 구체적인 삶과 문화가 있는 것입니다. 세상이 적대적이기 때문에 믿음을 가지고 종교적 형태의 신앙 행위를 하는 것도 실은 대단합니다. 하지만 성경은 더 적극적인 차원에서 현실에서 믿음을 살아 내는 것이 얼마나 더 대단한 것인지 말합니다. 기독교 신앙이 얼마나 깊고 넓은지 바울조차 삼층천에 갔다 와서 그것을 도무지 설명할 수 없었습니다. 기독교 신앙에 대한 통전적 이해가 부족하기 때문에 가나안 정복이 갖는 의미를 우리는 과소평가하고, 여러 장에 걸쳐서 나오는 전투와 땅 분배라는 두 이야기를 쉽게 이해하지 못합니다. 가나안에 들어가 싸우는 이유를 우리는 마태복음 11장에 나오는 재미있는 이야기를 통해 좀 더 분명하게 알 수 있습니다.

요한이 옥에서 그리스도께서 하신 일을 듣고 제자들을 보내어 예수께

여짜오되 오실 그이가 당신이오니이까? 우리가 다른 이를 기다리오리이까? 예수께서 대답하여 이르시되 너희가 가서 듣고 보는 것을 요한에게 알리되, 맹인이 보며 못 걷는 사람이 걸으며 나병환자가 깨끗함을 받으며 못 듣는 자가 들으며 죽은 자가 살아나며 가난한 자에게 복음이 전파된다 하라. 누구든지 나로 말미암아 실족하지 아니하는 자는 복이 있도다 하시니라. 그들이 떠나매 예수께서 무리에게 요한에 대하여 말씀하시되, 너희가 무엇을 보려고 광야에 나갔더냐? 바람에 흔들리는 갈대냐? 그러면 너희가 무엇을 보려고 나갔더냐? 부드러운 옷 입은 사람이냐? 부드러운 옷을 입은 사람들은 왕궁에 있느니라. 그러면 너희가 어찌하여 나갔더냐? 선지자를 보기 위함이었더냐? 옳다. 내가 너희에게 이르노니 선지자보다 더 나은 자니라. 기록된 바 보라, 내가 내 사자를 네 앞에 보내노니 그가 네 길을 네 앞에 준비하리라 하신 것이 이 사람에 대한 말씀이니라. 내가 진실로 너희에게 말하노니, 여자가 낳은 자 중에 세례 요한보다 큰 이가 일어남이 없도다. 그러나 천국에서는 극히 작은 자라도 그보다 크니라. 세례 요한의 때부터 지금까지 천국은 침노를 당하나니 침노하는 자는 빼앗느니라. (마 11:2-12)

세례 요한이 천국을 선포합니다. "회개하라, 천국에 가까이 왔느니라"(마 3:2). 그런데 세례 요한은 천국을 우리가 적극적으로 침략해야 하는 곳으로 설명합니다. 적극적으로 쟁취해야 하는 곳으로 말입니다! 이것이 여호수아기의 메시지입니다. 안식, 천국을 적극적으로 빼앗습니다. 실력으로 쟁취합니다! 운명에 의해 끌려가는 것이 아니라 실력으로 빼앗아 오는 것입니다. 실력으로 빼앗는다는 것은 사랑하는 것과 같습니다. 사랑도 실력이 있어야 합니다. 만나면 좋아서 어쩔 줄을 모르고 얼굴이 빨개져서 도망하는 것으로는 사랑을 얻을 수 없습니다. 상대방의 마음을 얻기 위해 거짓말을 하거나 강제하는 것이 아니라 상대방의 마음을 빼앗을 만큼의 매력과 실력을 키워야 한다는 뜻입니다.

그래서 하나님이 먼저 타락한 인간을 자유인으로 만드시는 것입니다. 하나님과 사랑과 신뢰를 나누는 대상으로 인간을 부르시는 것입니다. 그러기 위해서는 죄인 된 자리에서 먼저 건져 내야 합니다. 죄 아래 사로잡힌 노예의 자리에서 구출해 내야 하는 겁니다. 선택권이 없기 때문에 그런 다음에야 자유인으로서 실력을 구비하도록 훈련할 수 있는 것입니다. 이 구출 과정에 하나님은 믿음을 도입하셨는데, 그 대상이 아브라함이었음을 우리는 앞에서 살펴봤습니다. 아브라함을 통해 믿음이 도입되는 것은 우리의 잘잘못대로 갚지 않고 하나님이 가지셨던 원래의 뜻을 그분이 결국 이루고 말 것이라는 뜻이었습니다. 그래서 아브라함의 동의를, 우리의 동의를 받아 구하시는 것이 아니라 하나님이 주도적으로 주권적으로 꺼내셨습니다. 어디에서부터일까요? 하나님을 믿은 것에서부터? 아닙니다. 타락했을 때, 하나님을 알지도 못했을 때부터입니다. 타락했다는 것은 죄의 종이 되었다는 뜻입니다. 어떤 선택권도 없어 죄가 시키는 대로 하는 사망이 왕 노릇 하는 데서 우리를 꺼내셨다는 것, 이것이 출애굽의 역사를 통해 배우는 것입니다. 이집트에서 400년 동안 처절하게 노예 생활을 하고 모세를 통해 해방을 받습니다. 그렇게 이집트를 탈출해서 자유의 몸이 됩니다. 그러나 광야 생활 내내 이스라엘은 끊임없이 이집트로 돌아가자고 합니다. 그곳이 더 편했기 때문입니다. 시키는 일만 하면 먹고사는 데 별문제가 없고 걱정할 일이 없습니다. 한 가지, 자유만 포기하면 됩니다. 하지만 자유를 포기하면 사랑하고 신뢰하는 관계는 만들어지지 않습니다. 우리를 그것(it)이 아니라 상대(you)라는 인격적 존재로 대하는 더 명예롭고 위대한 가치와 수준과 지위를 얻지 못합니다.

가나안 정복과 우상숭배

모세는 이스라엘 백성을 이집트에서 데리고 나와 약속의 땅으로 데려가려 했습니다. 이제 "우리에게 시공간이라는 구체적 현실이 주어졌다. 그러니 자유인으로 책임 있는 존재로 살아 보자"라는 말을 할 수 있게 되었습니다. 이것이 사사기의 메시지입니다. 여호수아는 가나안 족속과 싸움을 하고 그 땅을 분배하는 지위에 있었기 때문에 어떤 의미에서 그의 순종과 충성은 조금은 쉬운 사명이었다고 말할 수 있습니다. 이런 의미에서 그렇습니다. 기독교를 처음 받아들이고 신앙의 박해를 받아 순교당하는 기간에 한국 교회의 신앙 상태는 거의 율법주의였습니다. 순교 외에 긍정적이고 적극적인 차원에서 그리스도인으로서 기독교 복음의 내용을 보여 줄 수 있는 환경이 아니었고, 그것을 경험할 시간도 갖지 못했습니다. 순교 외에 그리스도인이 세상과 구별된다는 것을 보여 줄 수 있는 것은 주일성수, 주초 금지, 새벽기도 정도였습니다. 이것 말고 우리의 신앙을 확인할 것이 없었습니다. 여호수아의 위치가 이것과 비슷합니다. 믿지 않는 가나안 족속을 믿음으로 정복하고, 정복해서 얻은 땅을 나누는 정도입니다. 우리 신앙의 경우에도 예수를 믿고 나면 제일 먼저 종교적이고 율법적이고 도덕적인 명분들을 중시합니다. 그것이 틀렸다는 것이 아닙니다. 진실하고 헌신적이고 겸손한 것은 모두 귀한 덕목입니다. 그러나 그것을 삶이라고 말하지는 않습니다. 기업이라고도 하지 않습니다. 인격적 차원에서 어떤 도덕성과 거룩한 규칙을 갖는 것은 필요합니다. 그러나 우리가 현실에서 깨닫듯이 그런 정도에 삶은 담기지 않을뿐더러 그럴 수도 없습니다. 삶은 그것보다 훨씬 복잡하고 깊습니다. 한 인간의 세계관, 인생관, 운명 같은 것과 복잡다단하게 연결되어 있지, 이벤트처럼 일회적이고 단편적으로 끝나지 않습니다. 인생 전체에 걸쳐 연속되는 유일한 일(mission)은 삶입니다. 사는 것, 가족, 이웃, 직장 이런 것들이 우리에게 요구하는 것들은 한두 번 해서 되는 것이 아닙니다. 한두 개의 규칙으로 설명할 수도 없는 더 깊고 더 높고 더 넓은 것을 요구합니다. 사사기를 통해 우리가 요구받는 것이 이것입니다.

여호수아가 약속의 땅에 들어가 가나안 족속과 전투해서 땅을 빼앗아 분배까지 마친 다음 여호수아 23장에 가서 우리가 어떤 특권을 받았으며, 종 되었던 집에서 우리를 꺼내어 약속의 땅을 주신 것을 잊지 말고, 우상을 조심하라고 경고합니다. 우상 문제가 갑자기 등장합니다. 사실 우상숭배는 사사기만 아니라 열왕기 내내 가장 큰 문제입니다. 우상이란 하나님이 목적하신 데에 이르지 않고 중간에서 타협하는 것을 말합니다. 우리를 자유인으로 만들고 책임 있는 존재로, 즉 하나님과 인격적으로 관계를 맺고 하나님과 함께 가자는 데까지 나아가는 것이 아니라 신앙이란 명분으로 적당하게 타협하는 것입니다. 요한복음식으로 말하면, "아버지가 내 안에, 아버지와 내가 하나인 것같이 저들도 다 하나가 되어 우리 안에 있게 하사 저들로 하여금 하나님이 나를 보내신 것을, 나를 사랑하시면서 저들을 사랑하는 것을 알게 되는" 자리까지 가지 않는 것입니다(요 17:21-23 참조). 주를 더욱 의지하기보다 주 안에서 모든 것을 할 수 있다고 믿는 자신감, 승리주의, 번영신앙, 만사형통 이런 것들이 모두 우상입니다. 물론 우리는 신앙생활을 이렇게 시작할 수는 있습니다. 예수를 믿으면 복을 받는다, 믿는 사람은 이런 것은 하면 안 된다, 정도는 괜찮습니다. 그러나 그것이 전부가 되면 안 됩니다. 이 싸움이 이스라엘 역사 내내 계속됩니다. 이스라엘 백성이 결국 우상에서 무너집니다.

우상은 다른 것이 아닙니다. 하나님의 말씀이 아닌 떡을 먹으며 살겠다고 이집트로 돌아가는 것입니다. 가나안 땅의 신 바알은 풍요의 신, 생산의 신입니다. 자식을 많이 낳고 먹을 것 생산하는 것을 주관하는 신으로, 그 땅에 사는 이들에게 이것은 그들의 유일한 소원입니다. 그런데 하나님은 그런 것을 위해 우리를 부른 것이 아니라고 말씀합니다. 이것이 이스라엘의 반복되는 역사이고 우리의 인생입니다. 우상을 섬겨서 하나님의 징계를 받고 회개했다가 다시 우상을 섬겨서 다시 하나님께 징계받는 이야기가 반복됩니다. 사사기에서 우리는 자유와 책임을 지는 자리에서 이스라엘이 완전히 실패하는 것을 봅니다. 자유를 얻게 되자 먼저 권리부터 행사하게 되었다는 것이 사사기입니다. 자기 소견대로 삽니다. 내가 바라고 뜻을 두고 있는 것에 힘을 주면 우상이 되는 것입니다.

골로새서에서 바울은, 탐심을 우상숭배라고 부릅니다(골 3:5). 내 주장, 내 뜻, 내 소원이 나의 주인이 되는 것입니다. 하나님이 우리와 함께 가려는 데까지 가려고 하지 않는 것, 즉 자유와 함께 주어진 명예와 책임과 수준은 도외시하고, 자신이 원하는 것을 만드는 데 급급하고, 하나님의 뜻에 미치지 않는 내 소원을 탐하는 것이기 때문입니다. 정확히 이것이 사사기와 구약 역사 내내 이스라엘이 겪은 일이고 오늘 우리가 직면하고 있는 현실입니다. 사사기에 후렴구처럼 나오는 "그때에 왕이 없어서 각자 자기의 소견에 옳은 대로 행하여 망했다"는 기자의 말은 권력이 없었기 때문에 실패했다는 변명이 아닙니다. 반대로 우리의 실패는 그런 외부의 힘과 통제력이 없어서가 아니라 자유와 책임을 제대로 행사할 실력이 없었기 때문이라는 날카로운 비평입니다. 권력, 통제력, 지배권 등이 왕으로 상징되어 전개되는 열왕기의 지난한 역사 속에서 이제 우리는, 이스라엘 왕들은 어떤 싸움을 했으며, 또 그들의 실패에도 불구하고 하나님은 어떻게 우리를 그분이 계획하시고 목적하신 자리까지 성실하게 이끌어 가시는지를 확인하게 됩니다.

7

약속의 땅에서 만난 하나님

성경에서 아브라함의 등장은 매우 돌연합니다. 아담의 타락과 이후에 펼쳐지는 실패의 역사에서 아브라함은 갑자기 소환됩니다. 아담 이후로 모든 인류가 죽음 아래 있게 되었다는 창세기 5장의 선언, 즉 사망의 족보와 역사 속에서 아브라함으로 인해 모든 민족이 복을 받을 것이라는 하나님의 선언이 느닷없이 등장합니다. 이 돌연한 변화는 우리의 요청과 반응에 의한 것이 아니었습니다. 이것은 무척 놀라운 사건입니다. 우리는 도덕적 이분법이나 윤리적 반응, 순종, 헌신 같은 종교적 열심과 간절함에 근거한 신앙에 익숙하기 때문입니다. 이런 도덕적·윤리적·종교적 신앙을 우리는 지성이면 감천이라는 형태로 갖고 있습니다. 믿음, 은혜, 소망, 사랑 같은 성경 단어를 쓰지만 내용 면에서는 기독교를 무속신앙이나 기복신앙과 크게 다르지 않게 이해합니다. 우리는 믿고 바라면 신이 우리의 치성에 감동해서 복을 주고 잘못하면 벌을 받는 식으로 기독교를 이해하곤 합니다. 그러나 기독교의 복음은 그 정도가 아닙니다. 그 이상입니다.

성경이 말하는 방식으로 복음을 바르게 이해하기 위해서는 우리가 아는 법칙, 우리가 아는 개념, 우리의 종교관과 성경이 말하는 기독교가 얼마나 다른지를 먼저 알아야 합니다. 여기서 가장 중요한 것은 하나님이 이 일에 주도권을 쥐고 계신다는 사실입니다. 하나님의 주권 사상은 개혁주의 신학의 특징인데, 많은 이들이 이를 하나님이 모든 통수권을 갖고 계신다는, 하나님의 모든 것을 다스리신다는 신학 개념 정도로 막연하게 이해합니다. 하나님이 우주의 이야기, 모든 인류의 이야기, 내 인생의 이야기를 이끌어 가신다, 역사를 추동해 가신다는 것으로는 생각하지 못합니다. 주권자 하나님께 순종하거나 반역하면 안 되는 윤리적·종교적 차원만 생각합니다. 역사적 신앙관을 지니고서, 하나님이 이 역사에서 무엇을 하시려는 것인지, 어디로 이 이야기를 이끌고 가시려는지를 생각하지 못합니다. 예수님을 인격적으로 만나 회심하고 감격하는 실존적 사건에 함몰되어 복음의 능력과 경이로움에 관해 성경이 무엇을 말하는지 깨닫지 못하고 있습니다.

족장들이 만난 하나님

우리는 하나님이 역사 속에서 무엇을, 왜 하시려는지를 주의 깊게 살펴야 합니다. 아브라함 이후 본격적으로 족장들이 등장합니다. 이를 통해 하나님이 아브라함의 생애를 통해 우리에게 무엇을 설명하시려 하는지, 이삭을 통해서, 야곱을 통해서, 요셉을 통해서 무엇을 하시려는지를 보여 주기 위해서입니다. 성경에 따르면 하나님은 아브라함을 통해서는 믿음을, 이삭을 통해서는 창조와 부활을, 야곱을 통해서는 자유와 선택과 책임 차원에서의 경험을 설명하십니다. 그리고 이 경험이 사사기 이후 구약 내내 계속 반복해서 일어납니다. 역사 속에서 겪은 경험의 의미가 무엇인지를 구체화하는 것입니다. 창세기 28장에서 하나님은 야곱에게 찾아와 약속을 주시고 그 약속을 이루기까지 떠나지 않겠다고 말씀하십니다.

> 또 본즉 여호와께서 그 위에 서서 이르시되 나는 여호와니 너의 조부 아브라함의 하나님이요 이삭의 하나님이라. 네가 누워 있는 땅을 내가 너와 네 자손에게 주리니 네 자손이 땅의 티끌같이 되어 네가 서쪽과 동쪽과 북쪽과 남쪽으로 퍼져나갈지며 땅의 모든 족속이 너와 네 자손으로 말미암아 복을 받으리라. 내가 너와 함께 있어 네가 어디로 가든지 너를 지키며 너를 이끌어 이 땅으로 돌아오게 할지라. 내가 네게 허락한 것을 다 이루기까지 너를 떠나지 아니하리라 하신지라.
>
> (창 28:13-15)

그런데 하나님의 약속을 받은 이후 야곱은 20년 동안 온갖 고생하고 결국 집으로 다시 도망치듯 돌아오는 신세가 됩니다 하나님은 이런 놀라운 약속을 주시고 왜 20년이란 시간을 그렇게 보내게 하셨을까요? 하나님은 아담에게 무엇을 주셨고 그것으로 무엇을 기대하셨을까요? 하나님은 아브라함에게는 무엇을 기대하셨을까요? 물론 하나님은 그들에게 순종을 요구하셨지만 그들은 불순종했습니다. 아담은 하나님이 주신 자유를, 선택권을 제대로 행사하지 못했습니다. 그러나 하나님은 자유와 선택권을 바르게 행사하지 못한 아담의 실패를 없던 일로 하시지 않고 그 실패를 선한 것으로 신실하게 바꾸어 가십니다. 이것이 창세기의 메시지입니다. 야곱이 얍복 나루로 돌아와 다시 하나님을 만나게 되었을 때 하나님이 "너는 내 자식이다. 나는 너를 지키는 자이고, 나는 네가 살기 위하여 발버둥 치는 것보다 큰 자다. 내게 잘못을 했더라도 나는 네 아비다"라고 야곱에게 하신 말씀이 예수 믿는 사람들에게는 최고의 위로가 되어야 합니다. 잘하면 복 받고 못하면 벌 받는 정도가 아니라 잘못하는 것, 그래서 받는 벌까지도 부모가 자식을 훈육하는 과정에서 주는 사랑이라는 의미에서 그렇습니다. 그러나 아담이나 야곱의 실패에서처럼 선택하기 위해서는 먼저 분별할 수 있어야 하고, 이 분별에는 지혜가 있어야 하고, 지혜를 얻으려면 경험이 있어야 합니다. 그런 일을 여러 번 겪어 생각과 몸 안에 축적해야 하는 것입니다. 하나님이 왜 우리의 인생을 70-80년 살게 하실까요? 왜 구원하신 후에도 이 세상에서 수많은 시간을 보내게 하시는 것일까요? 그 시간 동안 겪는 온갖 경험 속에 우리를 집어넣음으로써 우리에게 허락하신 자유의 권리를 사용해 우리로 하여금 어떤 선택을 하게 하시고, 그 선택의 결과가 무엇이고, 거기서 어떤 유익을 얻었으며, 어떤 후회와 실망의 과정을 통해 점점 더 나은 자리로 가는지에 대한 안목을 갖게 하기 위해서입니다. 그리고 우리 인생에서 우리의 결정과 선택 대부분은 이미 우리에게 주어진 조건, 콘텍스트 안에서 내릴 수밖에 없다는 것, 즉 하나님의 주권 아래 있는 수동태의 삶임을 우리는 배웁니다.

사사들이 만난 하나님

사사기는 이스라엘 백성이 처음으로 자유를 가지고 자신의 삶을 살아 본 이야기입니다. 사사기는 이집트의 종이었던 이스라엘이 그곳에서 탈출해서 광야를 거쳐 약속의 땅에 들어가 하나님의 백성으로 살아 보는 역사입니다. 사사기 결론에는 이런 문구가 반복됩니다. "그때에는 왕이 없었으므로 사람마다 자기 소견에 옳은 대로 행하였더라." 결국 사사기는 실패한 역사인 셈입니다. 이스라엘은 왜 그리고 어떻게 실패했을까요? 우상과 권력의 싸움에서 자유를 바르게 행사하는 데 실패합니다. 사사기와 열왕기에는 우상에 관한 이야기가 많이 등장하는데, 하나님이 왜 우상에 대해 그토록 분노하시는지 좀 더 자세히 생각해 볼 필요가 있습니다. 우상에 대한 하나님의 굉장한 조롱이 이사야서에 나옵니다.

우상을 만드는 자는 다 허망하도다. 그들이 원하는 것들은 무익한 것이거늘 그것들의 증인들은 보지도 못하며 알지도 못하니 그러므로 수치를 당하리라. 신상을 만들며 무익한 우상을 부어 만든 자가 누구냐? 보라, 그와 같은 무리들이 다 수치를 당할 것이라. 그 대장장이들은 사람일 뿐이라. 그들이 다 모여 서서 두려워하며 함께 수치를 당할 것이니라. (중략) 자기의 우상을 만들고 그 앞에 엎드려 경배하며 그것에게 기도하여 이르기를, 너는 나의 신이니 나를 구원하라 하는도다. 그들이 알지도 못하고 깨닫지도 못함은 그들의 눈이 가려서 보지 못하며 그들의 마음이 어두워져서 깨닫지 못함이니라. 마음에 생각도 없고 지식도 없고 총명도 없으므로 내가 그것의 절반을 불사르고 또한 그 숯불 위에서 떡도 굽고 고기도 구워 먹었거늘, 내가 어찌 그 나머지로 가증한 물건을 만들겠으며 내가 어찌 그 나무 토막 앞에 굴복하리요? 말하지 아니하니 그는 재를 먹고 허탄한 마음에 미혹되어 자기의 영혼을 구원하지 못하며, 나의 오른손에 거짓 것이 있지 아니하냐 하지도 못하느니라. 야곱아 이스라엘아, 이 일을 기억하라. 너는 내 종이니라. 내가 너를 지었으니 너는 내 종이니라. 이스라엘아, 너는 나에게 잊혀지지 아니하리라. (사 44:9-21)

우상에 대한 하나님의 매우 신랄한 조롱입니다. 땔감으로도 쓰고 고기를 구워 먹을 때도 쓰는 나무를 신이라 부르고 그 앞에 절을 한다고 놀리십니다. 누가 봐도 어리석은 짓입니다. 하나님은 계속해서 말도 못하고 의지도 없고 예언도 못하는 우상에게 가서 비는 것을 비웃으십니다. 말도 하지 못하는 우상에 대한 조롱에는, 신은 계획을 가지고 있는데 우상은 그렇지 못하다는 뜻이 들어 있습니다. 신이 있다면 운명을 만들 수 있어야 하는데, 말조차 하지 못하는 신을 신으로 부르는 행위를 조롱하시는 것입니다. 결국 너희는 자기의 소원과 뜻을 위해 우상을 만들었다는 준엄한 꾸짖음인 것입니다. 하나님은 그런 우상과 달리 당신의 뜻과 목적을 위해 우리를 만드셨습니다. 따라서 우리는 그런 하나님이 우주와 역사 속에서 무엇을 하시려는지를 생각하고 살펴야 합니다. 우리는 우상숭배를 하나님 외에 다른 신을 섬기는 것, 불교나 유교나 이슬람교 같은 다른 종교를 갖는 것 정도로만 생각합니다. 그러나 이사야의 증언에 따르면, 하나님의 뜻과 상관없이 내 소원을 성취하기 위해 하나님을 수단으로 쓰는 행위도 우상숭배입니다.

신약성경 골로새서는 우상숭배를 "탐심"과 관련지어 말합니다. "그러므로 땅에 있는 지체를 죽이라. 곧 음란과 부정과 사욕과 악한 정욕과 탐심이니 탐심은 우상숭배니라"(골 3:5). 탐심이란 나의 소원이 우상이 되는 것입니다. 많은 그리스도인이 경제적으로 풍족하고, 권위와 권세를 가지고, 육체적으로 건강하고, 범사에 잘되는 것을 소원합니다. 그리고 그것을 하나님을 위해서, 교회를 위해서, 선교를 위해서, 기독교 부흥을 위해서라고 말합니다. 하지만 그것은 명분일 뿐이고 실상은 성경적으로 말하면 우상숭배이고, 교회사적으로 말하면 승리주의일 뿐입니다.

심지어 도덕적으로 완벽하기를 바라는 것, 종교적으로는 거룩한 사람이 되기를 바라는 것조차 우상숭배일 수 있습니다. 하나님은 우리가 거룩해지길 원하시지 않습니다! 최소한 이 세상에서는 그렇습니다. 이렇게 말하면 "그러면 윤리적으로 도덕적으로 바르게 살지 않아도 된다는 것이냐"라고 묻습니다. 당연히 괜찮지 않습니다. 기독교는 윤리적·종교적으로 어떤 경지에 이르러 어떤 도전과 시험에도 흔들리지 않는 완벽한 사람을 만드는 종교가 아닙니다. 그것은 불가능할 뿐 아니라 그래서도 안 됩니다. 오히려 성경은 우리 인간이 우리의 인생 내내 하나님의 흔드심과 도전을 받으며 사는 존재라고 말합니다. 이는 우리가 하나님이 때에 따라 해 오시는 도전을 받으며 거룩과 영광의 자리로 더 나아가는 존재라는 의미입니다. 도덕적으로 완벽하길 바라고 거룩한 사람이 되기를 바라는 것은 그런 존재로의 부르심을 외면하고 더 나아가야 할 진도를 더 이상 나가지 않겠다는 얕은 생각입니다. 우리는 우리의 인생 내내 그 진도를 나가야 합니다. 하나님은 우리가 고결한 선비나 도통한 도사 같은 존재가 되어 어떤 유혹과 시련에도 흔들리지 않고 마음의 평안과 감동과 안심을 갖고 살게 하지 않으시고, 실패하더라도 후회와 좌절이 되더라도 더 나아가도록 우리를 끊임없이 흔드십니다. 새로운 경험, 새로운 단계, 새로운 수준으로 계속 나아가자는 것이 우리 인생에 대한 성경의 주장이고 초대입니다. 한 살부터 쉰아홉 살까지 차곡차곡 살아야 예순 살이 됩니다. 시간과 공간으로 형성된 세월을 뛰어넘어 갑자기 예순 살의 인생을 살 수는 없습니다. 예순 살을 계속 연장할 수도 없습니다. 예순 살이 되었으면 예순하나, 예순둘이 되어야 합니다. 시간이 멈추지 않고 어떤 상황에서도 같은 간격을 두고 나아가듯이 우리의 생애는 하나님의 이끄심 속에 있습니다. 그렇게 역사는 혼자서는 볼 수 없고 경험할 수 없는 것을 보게 합니다. 그리고 그중 하나를 경험함으로써 전체와 내용을 자신의 것으로 만들게 합니다.

인생, 사명이 아닌 생활

약속의 땅에 들어온 언약의 백성 중 여호수아를 아는 세대가 죽자 하나님을 배신하고 우상을 섬긴 실패 이야기인 사사기를 읽으며, 많은 이들은 신앙 교육의 중요성을 이야기하면서, 교회학교 교육 강화, 새 세대에 맞은 새 프로그램 도입 등을 말합니다. 그러나 역사란 그렇게 간단하지 않습니다. 여호수아를 아는 앞 세대는 광야를 걸으며 인생이 무엇인지 하나님이 누구신지를 배우고, 새 세대는 광야에서의 삶으로 다시 돌아가는 것이 아니라 가나안이라는 새로운 콘텍스트에서 자유를 훈련받습니다. 이렇게 이스라엘 역사는 우리에게 현재 너는 무엇이 되고 어떻게 살 것이냐고 묻습니다. 우리는 이 삶과 생활과 일상을 사명과 혼동합니다. 삶은 사명, 곧 '미션'(mission)이 아니라 '라이프'(life)입니다. 그러나 우리에게 신앙생활은 '라이프'(life)가 아니라 '미션'(mission)에 가깝습니다. 대통령직을 수행하는 것은 임무이지 그의 삶이 아닙니다. 삶은 한 인간의 행위(doing)만 아니라 존재 됨(being)을 포함하는 전인적·통전적인 것입니다. 바깥 환경의 도전에 의한 것이더라도 오직 내적으로만 답할 수 있는 것이 삶입니다. 인격으로, 실력으로, 지혜로 답해야 하는 것입니다.

그렇기 때문에 이스라엘이 하나님을 버리고 우상을 섬겼다는 것은 이런 뜻입니다. 이스라엘이 종이었던 곳에서 벗어나 자유의 나라로 들어와 자기 땅을 갖게 되자 이제 그들은 안녕과 안심, 평화를 바라게 되었습니다. 비만 제때 오고 땅이 열매를 제때 맺으면 더 이상 하나님을 찾을 필요가 없는 것입니다. 성경이 바알을 이스라엘의 대표적 우상으로 비판하는 것이 이 때문입니다. 바알은 풍요의 신, 생산의 신입니다. 이스라엘이 안심, 안정, 안녕만을 바라자 외적이 쳐들어옵니다. 하나님이 외적을 그냥 두시는 이유는 이스라엘의 안심, 안정을 추구하려는 마음을 부수시려는 것입니다. 그들의 안녕을 부수시면서 하나님이 물으십니다. "너희는 누구냐?" 이 정체성에 관한 질문이 사사기 내내 반복됩니다. 너희는 누구냐 하는 이 질문 앞에서 바알은 아무런 도움이 되지 않습니다. 생산의 신 바알은 전쟁이 나면 아무 소용이 없는 것입니다. 그러면 하나님이 특별할 것이 없는 사사를 세우고 백성들을 불러 모읍니다. 그리고 그들은 하나님의 도우심으로 적을 물리치고 다시 평화가 찾아옵니다. 그렇게 함으로써 그들은 자신의 진정한 가치와 정체성은 하나님뿐이심을 배웁니다. 그러나 지도자 사사가 죽으면 다시 각자 소견대로 삽니다. 이 일이 반복해서 일어나는데, 그 이유는 모든 세대가 예외 없이 어린아이에서부터 성장하기 때문입니다.

반복되는 역사

장구한 역사의 관점에서 보면 반복이지만 한 개인에게는 한 번의 경험인 셈입니다. 그래서 역사가들이 이렇게 말합니다. "역사는 반복된다. 그리고 인류는 역사에서 배우지 않는다." 그러나 성경은 하나님은 계속해서 탄생시키고 양육하시고 훈육하신다고 말합니다. 하나님은 당신의 백성을 한꺼번에 보내서 한꺼번에 교육하지 않고 시간별로 태어나게 하시고 다시 자라게 하시고 교육받게 하십니다. 어린아이로 태어날 때 부모가 있고 형제가 있고 나라가 있고, 또 성장하는 동안에 나라가 변하고 시대가 변하고 문화가 변합니다. 여러 세대가 이런 과정을 거치지만 결국 더 나은 해결책은 나오지 않습니다. 우리가 바라는 그런 평화는 오지 않습니다. 평화는 권력을 가진 데만 있습니다. 로마제국만이 평화를 갖고 있습니다. 그러나 로마의 평화(Pax Romana)를 위해 주변국은 모두 신음해야 했습니다. 우리는 결코 오지 않는 평화를 끊임없이 바라고 걱정 없이 살기를 바랍니다. 그래서 하나님이 계속 도전을 해 오시고 우리를 흔드십니다. 그런 평화는 없다고 말입니다. 당연히 억울합니다. 그래서 욥이 분통을 터뜨리고 아우성쳤습니다. 하나님 앞에 대들 수밖에 없는 것입니다. 왜요? 자신이 알았던 안녕, 바라던 평화가 깨졌기 때문입니다.

하나님은 현재 우리가 가진 것으로는 도무지 답을 낼 수 없는 도전을 해 오십니다. 욥이 가진 것으로 답할 수 없는 도전을 하시면서 정체성을 물으십니다. 너는 무엇이냐? 너는 지금 받는 고난에 답할 수 있는 존재냐? 이 도전에 너는 어떻게 답하겠느냐? 이렇게 물으시는 것입니다. 모든 것을 날려 버릴 것 같은 폭풍 속에 임하셔서 하나님은 모든 인생이 자신의 인생에서 이 도전을 받게 하십니다. 이 도전 앞에 세상은 체념할 수밖에 없습니다. 하나님을 모르기 때문입니다. 그래서 다른 방법을 동원합니다. 도덕으로, 권력으르, 그리고 알지 못하는 신에게라도 호소해서 불안으로부터 보호받기를 바랍니다. 하나님이 찾아오시고 만나 주시지 않는 한 우리는 하나님을 만날 방법이 없습니다. 어느 날 하나님이 찾아와 만나 주십니다. 하나님이 우리에게 새로운 정체성을 주십니다. "너는 내 자식이다!" 너무 감격스럽습니다. 하지만 그다음은 고달픕니다. 그래서 때로는 괜히 믿었다 싶은 생각이 듭니다. 최대한 늦게 믿을걸 하고 후회합니다. 하지만 사실은 그것이 위대한 것입니다. 시작이 늦을수록 손해입니다. 제때 초등학교와 중학교를, 고등학교를 다녀야 합니다.

이것이 사사기 내내 반복되는 메시지입니다. 하나님이 사용하시는 지도자란 어떤 사람인가, 믿음의 영웅 사사는 어떻게 만들어지는가를 묻는 것은 너무 지엽적입니다. 성경 전체, 사사기 전체가 무슨 이야기를 하는지를 알아야 합니다. 사사들은 끝까지 어떻게 할 줄 모릅니다. 답을 내지 못합니다. 그러면 왜 답을 내지 못하는 사사들에 관한 기록이 있을까요?

사사기의 존재 이유

사사 시대의 기간을 대략 250년에서 350년 정도로 봅니다. 이스라엘 역사에서 굉장히 긴 시간입니다. 다윗의 즉위를 주전 1000년쯤으로 보고, 586년에 유다가 망하니까 왕정 기간은 약 450년 정도 됩니다. 열왕기가 사무엘부터 계산해서 한 500년 기간을 다룬다면, 사사기는 사무엘까지 400년 가까이 되는 굉장히 긴 기간입니다. 왜 이렇게 긴 시간이 있었을까요? 왜 하나님은 이 긴 기간을 보고만 계실까요? 자유가 무엇인지에 대해 우리가 인식하게 만들기 위해서입니다. 강제로 자유를 주입하시는 것이 아니라, 우리로 하여금 우리가 하나님의 사랑과 믿음의 대상이며 하나님은 우리 존재의 근거이심을 깨닫게 하기 위함입니다.

우리 기독교에서 제일 많이 하는 질문은 예수를 믿느냐 안 믿느냐일 것입니다. 우리의 관심과 질문은 이것 말고는 없는 것 같습니다. "예수 천당, 불신 지옥" 이것밖에 모릅니다. 여기서 좀 더 나아간 질문은 "오늘 죽어도 천국 갈 확신이 있느냐?" 정도입니다. 자유, 명예, 거룩 같은 가치에 대한 고민과 질문이 없습니다. 오늘날 우리 사회가 근대를 너무 압축적으로 경험한 나머지 근대와 그 이후 시기가 혼란스럽게 공존하는 것처럼, 지금 우리 교회는 사사 시대를 아직 지나지 않은 것 같습니다. 서양은 근대, 즉 산업혁명이라는 과학혁명 이전의 구체제의 붕괴를 경험합니다. 왕권신수설로 대변되는, 운명에 맡겼던 시대에서 개인의 능력에 따라서 대접받는 시대로 변하는 경험을 합니다. 그때는 낭만주의 소설 같은 다양한 문학 작품과 기풍이 등장하는데, 이전의 왕, 기사도, 영웅 이야기보다 한 사람의 연애담이나 개인의 사적 경험 같은 것의 가치를 발견했기 때문입니다. 그 과정에서 사람들이 사상이라는 걸 알게 됐고, 사상이 서로 다를 수 있고, 대립할 수 있다는 것을 배우면서 대화와 관용 같은 가치들을 축적하게 됩니다. 인간이 운명과 명분, 도덕에 매여 있는 존재에 불과하지 않다는 어떤 각성과 반발을 하고, 나라는 존재가 무엇인지를 묻게 된 것입니다. 그러나 교회에는 여전히 그런 각성과 반발, 질문을 하는 이들이 드뭅니다.

하나님이 우리에게 주시는 도전에 대해 우리는 이런 식으로 반발합니다. "왜 미리 믿어서 고생을 할까?" "로마 황제 콘스탄티누스처럼 죽기 직전에 세례를 받는 것이 가장 좋을 텐데, 괜히 일찍 믿어서 이런 고생을 할까?" 이는 구원 이후의 시간의 의미에 대해서 누구도 말해 주지 않았기 때문에 드는 생각입니다. 시간이란 무엇일까요? 시간의 의미는 무엇일까요? 그리스도인에게 시간은 목적 없이 그냥 흐르는 것이 아니라 지향하고 축적되고 쌓이는 것입니다. 하나님이 우리를 빚으시는 콘텍스트가 시간, 역사입니다. 이것이 시간의 의미입니다.

미국의 부흥은 야외 집회에서 시작되었습니다. 하나님 말씀을 듣기 위해 모인 이들이 교회 건물에 수용할 수 없을 만큼 많았기 때문입니다. 야외 집회에서 부흥사는 설교를 듣고 회심하기로 다짐한 이들을 강단 앞으로 초청했는데, 이들을 위해 길 위에 톱밥을 깔았습니다. 강단 초청과 톱밥 위를 걷는 행위는 회심의 상징처럼 인식되었습니다. 부흥은 임했는데 문제가 생겼습니다. 회심한 이들이 심한 괴리감을 느끼기 시작한 것입니다. 진심으로 회심했지만 그 진정성이 삶으로 이어지지 않습니다. 그래서 많은 이들의 소원이 회심하고 집회장을 나오다가 하나님의 부르심을 받아 세상을 떠나는 것이었다고 합니다. 구원의 감격은 잠깐이지만 이어지는 삶이 고달프다는 걸 알았기 때문입니다.

많은 그리스도인이 칭의 다음에 성화가 있다는 것을 모릅니다. 또 구원파처럼 성화가 칭의처럼 단번에 완결된다고 오해합니다. 그래서 끊임없이 회개와 회심을 강조합니다. 회개를 통해 하나님의 은혜로 구원받아 감격스러웠던 순간으로 돌아가 신앙생활의 동력을 다시 얻기를 바라는 것입니다. 많은 그리스도인이 칭의는 대체로 이해하는데, 성화를 제대로 이해하지 못합니다. 하나님의 부르심으로 시작해 칭의로 이어지는 구원 단계는 성화로 나아갑니다. 그러나 우리는 보통 성화를 굉장히 어렵게 생각합니다. 성화를 도덕적으로나 종교적으로 완벽해지는 것으로 생각하지만, 사실 성화란 시행착오를 하는 과정에 있으며 그런 과정을 통해 성장한다는 뜻입니다.

우리는 그렇게 자랍니다. 처음부터 끝까지 아무런 매듭 없이 쭉 자라면 그것은 나무가 아니라 풀입니다. 풀은 나이테도 없고 매듭도 없습니다. 나무는 예쁜 꽃을 피우기보다 그늘을 만들 만큼 커야 합니다. 그리스도인의 삶이란 그런 것이라고 성경은 말합니다. "너는 더 커야 한다. 이제 어떻게 할래?"를 반복해 말합니다. 앞 세대에는 드보라가 나라를 구했는데 다음 세대에도 똑같은 실패가 반복됩니다. 기드온이 나와 시대의 구원자가 되고, 입다가 나오고, 아비멜렉이 나오고…. 그래서 이 실패의 역사를 통해 우리 안에 어떤 단어, 개념이 만들어집니다. 실패가 있다, 도전이 있고 모호한 것이 있다, 도무지 알 수 없는 것이 있다. 그런데 거기서 깨우쳐야 한다. 왜냐하면 우리는 신약 시대까지 우리 역사로 지니고 있기 때문입니다. 그래야 합니다. 그러나 신약이 이런 배경에서 나온 열매인 것을 우리는 이해하지 못합니다. 구약에 대한 이런 이해가 부족하기 때문에 신약을 훈장같이 액세서리같이 장식으로 걸어 두고 신앙생활을 합니다. 은혜, 영광, 부활, 생명, 거룩 같은 말이 신약에 등장할 때 그 안에 축적된 과거의 경험, 지혜, 분별이 녹아 있음을 깨닫고 이를 연결해 삶에서 빛나도록 해야 하는데, 그런 이해가 부족하기에 독립적인 단어와 개념 정도 이해하고 소유하고 사는 데 만족합니다. 그래서 사사기의 실패 기록이 중요합니다. 400년 가까이 반복된 과거 역사를 보며, 우리는 우리 삶에서 경험하는 실패, 말하자면 예수를 믿은 드거운 감동과 감격에도 불구하고 왜 그것이 삶으로 이어지지 못하고 힘을 발휘하지 못하는지, 왜 우리가 배운 신앙의 명분만큼 살지 믓하는지를 질문하게 됩니다. 그로써 우리가 그저 바란다고 되는 것이 아니라 실력이 있어야 한다는 것을 우리는 깨닫습니다.

사사 드보라

그런 의미에서 사사기에서 제일 중요한 인물이 드보라입니다. 사사 드보라는 여자입니다. 여자 사사의 등장은 당시 남자들이 무능했다는 것을 암시합니다. 여기서 무능했다는 것은 힘의 문제가 아닙니다. 사사기에서 이스라엘 백성은 외적을 물리칠 힘을 요구했습니다. 사무엘기 식으로 말하면 왕을 달라는 것입니다. 여기서 왕은 전투에 필요한 지도자, 즉 무력을 말하는데, 하나님은 드보라를 사사로 세움으로써 이것은 힘 문제가 아니라고 선언하십니다. 드보라에 앞서 한 여성이 등장했는데 미리암입니다. 출애굽기 15장에 홍해를 무사히 건넌 후 부른 모세의 노래에 이어서 미리암의 찬송이 나옵니다.

> 아론의 누이 선지자 미리암이 손에 소고를 잡으매 모든 여인도 그를 따라 나오며 소고를 잡고 춤추니 미리암이 그들에게 화답하여 이르되, 너희는 여호와를 찬송하라. 그는 높고 영화로우심이요. 말과 그 탄 자를 바다에 던지셨음이로다 하였더라. (출 15:20-21)

드보라는 "하나님이 우리에게 구원을 주셨다. 야엘을 칭찬하라"고 말하는데, 야엘은 시스라가 도망가다가 장막에서 잠을 잘 때 그 장막에 들어가 말뚝으로 그의 정수리를 찍어 죽인 여자입니다. 이 야엘을 드보라가 칭송하는 것입니다. 미리암, 야엘, 드보라로 이어지는 여성에 대한 성경 이야기는 한나에게 이어지고 밧세바로 넘어갔다가 결국 신약의 마리아에게까지 갑니다. 특히 한나부터 하나님은 세우기도 하시고 엎기도 하시고 일으키기도 하시고 꺾기도 하신다고 하는 굉장히 중요한 고백이 시작됩니다. 하나님이 세우기도 하고 꺾기도 하신다는 말씀은 하나님이 마음대로 하신다는 단순한 이야기가 아닙니다. 신약의 마리아에게까지 이어지는 이 선언은 하나님이 창조와 부활의 하나님이시라는 뜻입니다. 창조와 부활의 하나님이란 말은 신약에서 늘 쓰는 말이지만 사람들이 제대로 이해하지 못하는 말 중 하나입니다. 하나님은 없는 데서 있는 것을 만들기도 하고 실패한 곳에서 승리를 만들기도 하신다! 이것은, 하나님은 우리를 하나님의 영광으로 만들 것이라고 작정하셨고, 따라서 우리가 잘했을 때는 그 잘한 것으로, 못 했을 때는 그 못한 것으로 그분의 뜻을 이루시고야 말 것이라는 뜻입니다. 처녀인 마리아가 아기를 낳는 것이 얼마나 어려운 일입니까? 처녀가 애를 낳는다는 것은 말이 안 되는 시대입니다. 그것도 하나님의 아들을! 그런데 그것을 마리아가 어떻게 감당합니까? 쉽게 말하면 "난 모르겠습니다. 주의 종이니 주 뜻대로 하소서." 마리아의 이 대답은 고매한 신앙고백이기도 하지만 그 일이 내 선택 여부로 결정이 나는 문제가 아니라는 현실적 증언이기도 합니다. 임신 여부를 마리아가 선택하는 것이 아니라 그것은 하나님이 하실 것이고, 마리아는 하나님이 하시겠다면 그렇게 될 것이라고 고백하는 것입니다.

어떤 일이 먼저 일어나고 이 사건의 의미를 나중에 깨닫는 것이 신앙과 인생의 당연한 순서입니다. 일이 먼저 벌어지고 우리는 그로부터 의미와 뜻을 배웁니다. 성경에서 우리는 인과율이 뒤바뀐 것, 즉 결과가 먼저 있고 그 결과 때문에 원인과 원리를 역추적해서 논리를 세우는 것을 배웁니다. 믿음이라는 결과가 먼저 나왔기 때문에 역으로 논리를 세울 수밖에 없는 인생인 것을 이해하는 것입니다. 그러나 우리는 우리의 논리, 원인이 먼저이고 그 결과가 뒤따르는 것, 즉 인과율로 신앙을 이해하려 합니다. 마리아가 신실해서 하나님이 찾아오셨다는 식으로 이해하려 합니다. 아닙니다. 하나님에 대해서는 상상과 기대를 뛰어넘는 생각을 하지 못하는 사람에게 하나님이 먼저 찾아와 손을 내미셨다고밖에 생각할 수 없고, 그럴 수밖에 없는 것이 신앙이고 인생입니다. 요셉의 생애에서 확인할 수 있듯이 신앙과 인생은 수동태입니다. 하나님이 그분의 백성, 그분의 자녀들을 절대로 그냥 놔두지 않으시고 흔드십니다. 될 때까지 시키십니다. 이것이 사사기의 메시지입니다. 그 역사를 이제 우리 인생에서 갖게 된 것입니다.

8

열왕이 만난 하나님

미리암, 드보라, 한나, 밧세바, 마리아의 삶에 관해 성경은 중요한 메시지를 담고 있습니다. 약한 자, 감추어진 자였던 이들을 통해 성경은 획기적인 전환에 관한 놀라운 의미를 전합니다. 다음은 한나가 사무엘을 낳고 드리는 기도이자 찬송입니다.

한나가 기도하여 이르되 내 마음이 여호와로 말미암아 즐거워하며 내 뿔이 여호와로 말미암아 높아졌으며 내 입이 내 원수들을 향하여 크게 열렸으니, 이는 내가 주의 구원으로 말미암아 기뻐함이니이다. 여호와와 같이 거룩하신 이가 없으시니, 이는 주밖에 다른 이가 없고 우리 하나님 같은 반석도 없으심이니이다. (삼상 2:1-2)

이런 하나님을 우리는 전적으로 이해하고 진심으로 그분께 항복합니다. 그러나 뒤이어 나오는 말씀을 우리는 유념해서 읽어야 합니다.

심히 교만한 말을 다시 하지 말 것이며 오만한 말을 너희의 입에서 내지 말지어다. 여호와는 지식의 하나님이시라. 행동을 달아 보시느니라. (삼상 2:3)

1절과 2절에 근거해 보통 3절을 하나님 앞에서 교만해서는 안 된다는 부정적 의미로 쉽게 생각합니다. 하지만 이 말은 뒤이어 나오는 반전, 전복, 역전에 관한 중요한 도입으로 읽어야 합니다. "용사의 활은 꺾이고 넘어진 자는 힘으로 띠를 띠도다"(4절). 두 말씀 모두 조건과 결과가 서로 모순되는 선언입니다. "용사의 활은 태산을 뚫고" "넘어진 자는 수치와 부끄러움으로 무너지도다." 이래야 어울리는데 3절의 내용은 뒤집혀 있습니다. 뒤이어서 전복, 반전에 관한 이야기가 계속됩니다.

풍족하던 자들은 양식을 위하여 품을 팔고 주리던 자들은 다시 주리지 아니하도다. 전에 임신하지 못하던 자는 일곱을 낳았고 많은 자녀를 둔 자는 쇠약하도다. 여호와는 죽이기도 하시고 살리기도 하시며 스올에 내리게도 하시고 거기에서 올리기도 하시는도다. 여호와는 가난하게도 하시고 부하게도 하시며 낮추기도 하시고 높이기도 하시는도다. 가난한 자를 진토에서 일으키시며 빈궁한 자를 거름더미에서 올리사 귀족들과 함께 앉게 하시며 영광의 자리를 차지하게 하시는도다. 땅의 기둥들은 여호와의 것이라. 여호와께서 세계를 그것들 위에 세우셨도다. (삼상 2:5-8)

이 말씀을 보면, 6절과 7절에서처럼 하나님은 변덕스러운 분이라는 생각이 듭니다. 하나님이 왜 누구는 죽이시고 누구는 복을 주시는지 도무지 종잡을 수 없다고 말입니다. 실제로 구약에 나오는 이와 같은 반전과 역전이 신약에도 등장합니다. 누가복음 1장의 "마리아의 찬송"이 그렇습니다.

> 마리아가 이르되 내 영혼이 주를 찬양하며 내 마음이 하나님 내 구주를 기뻐하였음은 그의 여종의 비천함을 돌보셨음이라. 보라, 이제 후로는 만세에 나를 복이 있다 일컬으리로다. 능하신 이가 큰 일을 내게 행하셨으니 그 이름이 거룩하시며 긍휼하심이 두려워하는 자에게 대대로 이르는도다. 그의 팔로 힘을 보이사 마음의 생각이 교만한 자들을 흩으셨고, 권세 있는 자를 그 위에서 내리치셨으며 비천한 자를 높이셨고, 주리는 자를 좋은 것으로 배불리셨으며 부자는 빈손으로 보내셨도다. 그 종 이스라엘을 도우사 긍휼히 여기시고 기억하시되 우리 조상에게 말씀하신 것과 같이 아브라함과 그 자손에게 영원히 하시리로다 하니라. 마리아가 석 달쯤 함께 있다가 집으로 돌아가니라.
>
> (눅 1:46-56)

여기에도 전복과 역전에 관한 이야기가 등장합니다. 우리가 아는 인과관계와 질서를 깨고 하나님이 일하신다는 것이 무엇을 의미하는지 우리는 자세히 살펴볼 필요가 있습니다.

사울과 다윗, 그리고 역설의 하나님

우리는 이러한 일이 사울과 다윗에게 일어난 것을 봅니다. 사울은 하나님이 보내신 사무엘에게 기름부음을 받아 왕이 되었습니다. 그러나 사울은 나라를 구한 일과 전쟁에서의 여러 공로에도 불구하고 아말렉을 진멸하라는 하나님의 명령을 어기고 왕을 인질로 데려오고 많은 전리품을 남겨 하나님에게 준엄한 책망을 듣습니다(삼상 15장). 사무엘을 통해 하나님은 사울에게 이런 말씀을 하셨습니다. "불순종은 사실 우상에게 절하는 것과 같다." "하나님은 순종을 제사보다 기쁘게 여기신다." 제사는 당시 이스라엘의 최고의 종교 행위였습니다. 이스라엘이 바빌론 포로가 되고 성전이 무너지고 이스라엘 백성이 사방으로 흩어져 더 이상 제사를 드릴 수 없게 되어 율법이 중시되기 전까지 이스라엘 역사에서 제사 제도는 가장 중요한 종교 행위였습니다. 그런 상황에서 하나님은 제사가 아니고 순종을 더 기뻐한다고 말씀하십니다.

예레미야는 이를 이렇게 표현합니다. "너희는 이것이 여호와의 성전이라 여호와의 성전이라 여호와의 성전이라 하는 거짓말을 믿지 말라"(렘 7:4). 성전을 건축했다는 것으로 하나님께 할 도리를 다했다고 생각하지 말라는 뜻입니다. 성전을 헐고 사흘 만에 다시 세우겠다고 하신 예수님 말씀의 배경이 이 본문입니다. 결국 사울은 불순종했다는 이유로 폐위됩니다. 사울이 폐위된 후 다윗이 하나님께 성전을 짓겠다고 합니다. 그러자 하나님이 예언자 나단을 보내어 다윗에게 말씀하십니다. "내가 언제 네게 내 집을 지으라고 한 적이 있느냐, 나는 네게 보상을 요구한 적이 없다. 내가 왕권을 다윗의 가문에 주고, 후손 중에 잘못하는 자가 있더라도 사울을 내친 것같이는 하지 않을 것이다"(삼하 7장 참조). 하나님이 다윗 후손의 아버지가 되고 그의 후손은 하나님의 자녀가 될 것이라고 말씀하십니다. 사울에게는 율법을 엄격하게 적용해서 벌을 주신 하나님이 다윗만 아니라 그의 후손에게까지 자비를 베푸시고 부자 관계를 맺으십니다. 아버지와 아들 사이에는 율법이 존재할 공간이 없는데, 이는 율법을 지키지 않아도 되는 사이라는 뜻이 아니라 그것보다 더 크고 깊은 관계라는 뜻입니다. 끊을 수 없는 혈연관계라는 뜻입니다. 그러나 하나님에게서 굉장한 약속을 받은 후에 다윗은 크게 넘어지고 맙니다. 바로 밧세바 사건입니다. 물론 마태복음의 메시아 족보에도 등장하듯이 밧세바는 한나, 드보라, 마리아와는 또 다른 차원에서 하나님이 어떤 분이시며 어떻게 일하시는지를 드러내는 중요한 역할을 합니다.

한나는 낳지 못했던 자식을 낳는 것으로, 드보라는 적군의 지휘관을 죽이는 일로, 마리아는 하나님이신 예수님을 낳는 일로 하나님의 구원 역사에 참여합니다. 마리아가 예수님을 낳는 복음서 이야기에는 이사야 예언이 인용되는데, 젊은 여자가 아이를 낳을 것이라는 이사야 본문과는 달리 처녀가 아이를 낳을 것이라고 바꿔 인용됩니다. 여자가 낳는 것과 처녀가 낳는 것의 차이는 매우 큽니다. 전자에 비해 후자가 훨씬 초월적이고 기적적입니다. 그러나 무엇보다 마리아의 몸을 통해 예수님이 나오신다는 것에서는 가장 연약하고 힘없는 자에게서 구원자가 나오고, 구원이 시작된다는 의미가 가장 중요합니다. 보통 구약을 대표하는 인물로 아브라함과 다윗을 듭니다. 마태복음에 나오는 메시아 족보가 "아브라함과 다윗의 자손 예수 그리스도의 계보라"로 시작하는 것에서 짐작할 수 있듯이 아브라함과 다윗을 이해하지 못하면 예수님을 온전히 이해할 수 없습니다. 그래서 예수님을 바르게 이해하려면 아브라함과 다윗을 제대로 이해해야 합니다. 다시 말해 예수님을 제대로 이해하면 아브라함과 다윗에 대한 이해가 완전히 달라집니다.

아브라함은 믿음의 조상이고 다윗은 은혜의 조상이라는 말에는 깊은 의미가 있습니다. 사울을 냉정하게 대하신 하나님이 왜 다윗은 사울과 전혀 다르게 대하시는지 생각해 봐야 합니다. 사울과 다윗을 사뭇 다르게 대하시는 하나님을 보면 하나님이 정말 공평하신가 하는 생각이 듭니다. 세상이 정의와 공의를 말할 때는 보통 하향 평준화를 뜻합니다. 그래야 실제로 공평이란 결과가 나옵니다. 그러나 성경이 공의를 말할 때는 상향, 위로 올라가는 것을 뜻합니다. 사울이 벌을 받은 것을 기준으로 하는 것이 아니라 다윗에게 허락된 은혜가 어떻게 모든 이에게까지 허락되는가가 사무엘기 본문이 말하는 공의, 정의입니다. 사울은 어떻게 되는지를 묻는 이들에게 바울은 로마서 9장에서 이렇게 답합니다. 바울은 이스라엘의 출애굽에 반대했던 바로를 인용하며 이방인들에게 말합니다. "너희의 구원은 원래 약속된 유대인들의 불신앙 때문이지 너희 때문이라고 생각하지 말라. 구원은 이스라엘에게 주어진 것이었다. 그러나 그들이 실패함으로써 복음이 이방인인 너희에게 넘어간 것이다. 그렇다고 이스라엘이 믿지 않았기 때문에 그들이 벌 받는 것이 마땅하다고 생각하지 마라. 그들의 실패가 너희에게 복이 되었다면 그들이 돌아올 때 너희에게 미칠 영광은 얼마나 더 크겠느냐!" 이것이 바울의 논리입니다.

우리에게 바울의 논리는 매우 낯섭니다. 로마서 5장에서도 동일한 논리가 등장합니다. "아담의 실패로 모든 사람이 죄인이 되었다면, 예수의 순종으로 모든 사람이 의인이 될 것이다. 예수의 죽으심으로 우리가 구원받았다면, 그분의 살아나심은 얼마나 더 큰 복이 되겠느냐!" 바울의 이런 논리는 우리에게 매우 낯섭니다. 그러나 우리의 이해와 다르고 낯선 논리가 바로 예수로 말미암는 하나님 나라의 논리라고 성경은 말합니다. "구원은 이방인인 너희 안에 어떤 원인이 있었기 때문이 아니라 이스라엘의 실패로 인한 것이다. 이방인인 너희가 이스라엘보다 낫다고 결코 말할 수 없다. 하나님이 야곱을 태어나기도 전에 택하셨다. 그것은 하나님의 마음대로다!" 한나의 기도와 드보라와 마리아 찬송의 핵심 메시지가 바로 이것입니다. 하나님이 세우기도 하시고 엎기도 하신다는 그들의 기도와 찬송은 세상이 알고 기대하는 성공, 승리가 아닌 방식으로 하나님이 승리하신다는 뜻입니다. 세상의 눈으로 보기에는 아무것도 아닌 것을 하나님은 더 크게 복을 주신다! 이것이 은혜입니다. 자신이 받을 것을 만들어 낼 조건이 전혀 없는 사람이 거룩과 영광의 자리로 나아갈 수 있게 되는 것, 이것이 은혜입니다.

주권적 은혜의 모델, 다윗

사무엘상 15장에서 사울은 율법으로 다스림을 받는 모델로 나오고, 사무엘하 7장에서 다윗은 하나님의 주권적인 은혜의 모델로 나옵니다. 이것을 보여 주는 메시지가 사무엘하 7장의 약속입니다. 정치적으로 신앙적으로 위대했던 다윗이 사무엘하 11장 밧세바 사건에서 넘어집니다. 완벽하게 실패합니다. 정치와 신앙에 있어서 대단한 성공을 거둔 다윗은 그만큼 철저한 실패를 경험하고 나서야 하나님 나라의 역설, 진리를 깨닫습니다. 그리고 이 경험을 토대로 시편 51편을 고백합니다. 시편 속 다윗의 시는 이런 맥락에서 읽어야 합니다. 다윗은 골리앗과의 전투와 승리로 누구보다 멋있게 등장합니다. "나는 네가 능멸하는 여호와의 이름으로 네게 가노라. 너는 천군과 칼을 의지하지만 나는 만군의 여호와의 이름으로 네게 가노라"(삼상 17:45 참조). 얼마나 멋진가요. 사울에게 핍박받아 도망치는 동안에도 다윗은 사울에게 적대적이지 않고 기회가 생겨도 보복하지 않고 사울이 죽은 후에야 왕위에 올라 주변 적들을 완벽하게 제압합니다. 그리고 하나님께 성전을 짓겠다는 기도를 하고 이어서 하나님으로부터 놀라운 약속을 받습니다. 그러고는 11장에 가서 완전히 넘어지는 것입니다.

시편 51편은 한때 완벽하게 성공했던 다윗이 철저하게 실패한 다음에 자신이 본질적으로 어떤 존재인가를 철저하게 깨닫고 드린 회개 기도입니다. 그렇기 때문에 이 기도는 우리가 알고 있는 것 이상으로 의미심장합니다. "내 어머니가 나를 죄 중에 잉태하였다. 즉 내 존재의 본질은 죄다"(5절 참조). 다윗의 회개는 윤리적인 정도, 곧 잘못한 것을 아뢰는 정도가 아니라 철저하게 존재론적입니다. 자신은 존재 자체가 죄로 조성된 사람이라는 고백입니다. 51편 후반부에는 유명한 구절이 나옵니다. "하나님은 제사를 원하지 않으신다. 하나님이 원하시는 제사는 상한 심령이다"(17절). 상한 심령이란 무슨 뜻일까요? 가치와 의미와 영광을 자신이 만들 수 없다는 것을 비로소 철저하게 알게 된 마음입니다. 성과 속의 관점에서 볼 때, 세상은 존재론적 가치라는 측면에서 정의롭고 가치 있고 명예롭고 영광된 것을 결코 만들지 못합니다. 그러나 우리는 이것을 언제나 도덕적으로 이해하려고 합니다. 우리가 죄를 도덕적으로 이원론적으로 이해하고 있다는 가장 분명한 증거는, 잘하고 있으면 떳떳한 마음이 들고 잘못하고 있으면 송구한 마음이 드는 것입니다. 그리스도인 대부분은 잘못한 것이 없을 때 신앙적으로 자신감을 갖습니다.

열왕기에 따르면 북 왕국의 이스라엘 왕들은 모두 악했는데, 열왕기 기자는 그것을 놓고 "그들이 여로보암의 길을 갔다" "아합의 길을 갔다"라고 표현합니다. 아합의 길을 갔다는 것은 엘리야를 대적하고 우상을 섬긴 이스라엘 최악의 왕 아합처럼 행동했다는 뜻입니다. 그러나 열왕기를 자세히 보면 아합은 악의 화신이 아닙니다. 그는 악한 일을 주도한 것이 아니라 부인 이세벨에게 휘둘렸을 뿐입니다. 나봇의 포도밭을 빼앗았을 때도 이세벨에게 휘둘려서 나봇을 죽이고 포도밭을 빼앗습니다. 그래서 아합의 최악의 죄는 무지입니다. 요한복음 1장에 따르면 빛이 세상에 왔지만 어두움이 깨닫지 못합니다. 빛이 더 밝아야 하는 것이 아니라 눈을 떠야 하는 것입니다. 눈을 감은 상태에서는 빛이 무엇인지 모를 수밖에 없습니다. 무지가 죄입니다. 그것도 굉장히 심각한 죄입니다.

존재론적 회개로 이어진 밧세바 사건

다윗이 굉장한 성공을 하고 하나님에게서 놀라운 약속을 받은 다음에 밧세바 사건이 터지는 그 순서가 중요합니다. 우리가 볼 때 실패나 실수를 먼저 하고 회개하면 하나님이 그에 따른 약속을 주시는 것이 바른 순서일 것 같습니다. 우리는 다윗의 결말이 골리앗과의 싸움에서 그가 처음 등장했던 때처럼 멋있고 비장하길 바랍니다. 하지만 성경은 우리의 그런 바람과는 사뭇 다릅니다. 성경은 멋있는 모습이 결말이 아니라 시작이라고 말합니다. 순전하고 진실하지만 그것은 아직 어린 것입니다. 멋있는 모습으로 시작했지만, 사울에게 쫓겨 떠돌아다니는 고달픈 생활이 이어집니다. 시편에 나오는 다윗의 시 대부분은 이 기간에 쓴 것들입니다. 대표적으로 시편 13편이 그렇습니다. 이 시편에는 반복해서 하나의 질문이 나옵니다. 바로 "여호와여 언제까지입니까?"입니다. 이는 다윗의 인생 전체에 걸친 결정적 질문이기도 합니다. 이 질문은 또한 이스라엘 백성의 기도이기도 합니다. 이스라엘이 바빌론에서 한 기도이기도 하고 신약 시대 내내 그리스도인들이 드린 기도이기도 하고 오늘 지금 우리가 하는 기도이기도 합니다. 이 기도를 드릴 수밖에 없게 된 경험을 다윗이 먼저 하고, 그리스도인인 우리가 오늘 지금 하고 있습니다. 그러나 이스라엘은 하지 못했습니다. 예수를 쫓아오지 못했기 때문입니다.

"여호와여, 언제까지입니까? 언제까지입니까?" 다음은 어디일까요? 사울이 죽자 다윗이 왕권을 받아 이스라엘의 왕이 되고 주변국을 다 평정하는 자리에 올라 시편 18편 같은 찬송시들을 씁니다.

"나의 힘이 되신 여호와여 내가 주를 사랑하나이다"로 시작하는 승전가이기도 하고 감사의 찬송이기도 한 시들입니다. 그러나 이때는 밧세바를 아직 만나지 못했을 때입니다. 거기에는 분명 기쁨이 있습니다. 하지만 인생이 무엇인지 인내의 열매가 무엇인지를 알게 된 기쁨은 아닙니다. 하지만 다윗은 그 정도에서 만족했던 것 같습니다. 이 정도면 됐다고 생각하고 있던 그때 밧세바 사건이 터집니다. 이를 계기로 철저하게 존재론적 회개를 하게 되는 것입니다. "나는 악의 덩어리다. 나라는 실존은 그런 존재다"라고 고백합니다. 그러고 나서야 하나님이 원하시는 진정한 제사는 상한 심령이라는 것, 즉 성과 속의 이원론과 세속의 논리, 나 스스로가 나의 확신이자 가치이며 근거라는 생각이 모조리 무너져 내린 마음이라는 것을, 그리고 하나님이 의도하신 창조와 구원의 길로 들어가 그분의 형상으로 더 만들어져야 하는 것을 알게 되는 것입니다. 이것이 시편 40편에서 반복됩니다. 그러나 시편 40편에는 또 다른 의미가 있습니다.

> 내가 여호와를 기다리고 기다렸더니 귀를 기울이사 나의 부르짖음을 들으셨도다. 나를 기가 막힐 웅덩이와 수렁에서 끌어올리시고 내 발을 반석 위에 두사 내 걸음을 견고하게 하셨도다. (1-2절)

드디어 반석 위에 섭니다. 그동안은 인과율이나 인간의 노력 여하, 인간의 도덕성 이런 것에 가치를 두었다가 이제는 비로소 진정한 반석 위에 섭니다. 신약의 관점에서 보면 그는 예수라는 반석 위에, 즉 그분 안에 있는 것입니다.

새 노래 곧 우리 하나님께 올릴 찬송을 내 입에 두셨으니 많은 사람이 보고 두려워하여 여호와를 의지하리로다. 여호와를 의지하고 교만한 자와 거짓에 치우치는 자를 돌아보지 아니하는 자는 복이 있도다. 여호와 나의 하나님이여, 주께서 행하신 기적이 많고 우리를 향하신 주의 생각도 많아 누구도 주와 견줄 수가 없나이다. 내가 널리 알려 말하고자 하나 너무 많아 그 수를 셀 수도 없나이다. 주께서 내 귀를 통하여 내게 들려주시기를 제사와 예물을 기뻐하지 아니하시며 번제와 속죄제를 요구하지 아니하신다 하신지라. 그때에 내가 말하기를 내가 왔나이다. 나를 가리켜 기록한 것이 두루마리 책에 있나이다. (3-7절)

"나는 제사와 예물을 기뻐하지 않는다.""나는 번제와 속죄제를 요구하지 않는다." 시편 51편과 동일한 고백이 나옵니다. "하나님은 예물을 기뻐하지 않으신다. 나에게 어떤 조건도 요구하지 않으신다. 하나님이 바라는 것은 상한 심령이다. 그렇다면 바로 나, 내가 바로 그 상한 심령이다!" 이렇게 말하는 것입니다. "내가 그 상한 심령이다! 나는 내가 보상을 요구할, 결과를 요구할 어떤 근거와 조건을 갖고 있지 않다. 하나님이 그런 자를 찾으신다면 그 사람은 바로 나다!" 이것이 시편 40편에서 다윗이 하는 고백입니다.

그런데 왜 하나님은 우리로 하여금 우리의 노력과 진심 위에 무언가를 쌓지 못하게 하시고, 오히려 그것들을 철저히 부수려고 하실까요? 하나님은 사울에게 번제와 제사보다 순종을 더 요구하시고, 불순종하는 것은 우상을 섬기는 것과 같다고 꾸중했습니다. 그래서 하나님께 순종하지 않고 다른 신을 섬기는 것이 우상숭배라고 단순하게 결론 내리는 것은 충분한 해석이 아닙니다. 하나님은 왜 우상 문제에 대해 그토록 화를 내실까요? 하나님께 순종하지 않고 우상을 만든 사울이 사무엘의 질타에 대해 이렇게 답합니다. "백성들이 두려워서 그랬습니다." 백성이 두렵다는 것은, 하나님보다 백성의 뜻을 좇는 것이 자신에게 크다는 뜻입니다. 보통 사람들이 원하는 것, 기대하는 것은 무엇일까요? 행복, 평안, 정의 이런 것들입니다. 그런데 하나님은 이 문제에 이의를 제기하십니다. 우리는 행복, 평화를 바랍니다. 그래서 우리가 조작할 수 있고 우리가 요구하는 것을 얻을 수 있게 해 주는 신을 만듭니다. 하지만 하나님은 이렇게 말씀하십니다. "나는 너희의 바람과 너희의 기대를 채워 주는 존재가 아니다. 나는 너희가 하고 싶은 것을 해 주는 존재가 아니라 내가 하려는 것을 너희에게 요구하는 존재다!" 이렇게 말씀하십니다.

하나님은 우리를 어디까지 이끄시는가

하나님은 우리를 어떤 존재로 만들고 싶어 하실까요? 예수님의 이름으로 말미암는 거룩과 영광의 존재가 되기를 바라십니다. 이것이 에베소서 1장 3-14절에 있는 약속입니다.

> 찬송하리로다. 하나님 곧 우리 주 예수 그리스도의 아버지께서 그리스도 안에서 하늘에 속한 모든 신령한 복을 우리에게 주시되, 곧 창세 전에 그리스도 안에서 우리를 택하사 우리로 사랑 안에서 그 앞에 거룩하고 흠이 없게 하시려고 그 기쁘신 뜻대로 우리를 예정하사 예수

그리스도로 말미암아 자기의 아들들이 되게 하셨으니, 이는 그가 사랑하시는 자 안에서 우리에게 거저 주시는 바 그의 은혜의 영광을 찬송하게 하려는 것이라. 우리는 그리스도 안에서 그의 은혜의 풍성함을 따라 그의 피로 말미암아 속량 곧 죄 사함을 받았느니라. 이는 그가 모든 지혜와 총명을 우리에게 넘치게 하사 그 뜻의 비밀을 우리에게 알리신 것이요. 그의 기뻐하심을 따라 그리스도 안에서 때가 찬 경륜을 위하여 예정하신 것이니 하늘에 있는 것이나 땅에 있는 것이 다 그리스도 안에서 통일되게 하심이라. 모든 일을 그의 뜻의 결정대로 일하시는 이의 계획을 따라 우리가 예정을 입어 그 안에서 기업이 되었으니, 이는 우리가 그리스도 안에서 전부터 바라던 그의 영광의 찬송이 되게 하려 하심이라. 그 안에서 너희도 진리의 말씀 곧 너희의 구원의 복음을 듣고 그 안에서 또한 믿어 약속의 성령으로 인치심을 받았으니, 이는 우리 기업의 보증이 되사 그 얻으신 것을 속량하시고 그의 영광을 찬송하게 하려 하심이라.

우리가 하나님의 영광의 찬송이 되는 것입니다. 이것이 우리에게 무척 어렵습니다. 우리는 우리가 아는 수준에서 눈에 보이고 손에 잡히는 보상만 생각합니다. 그런 보상을 얻기 위해서 진심으로 열심히 바라고 기도합니다. 하나님이 우리를 어떤 존재로 만들고 싶어 하시는지, 그것을 어떻게 만들고 싶어 하시는지는 도무지 생각하지 않습니다. 그러나 이런 질문이 밧세바 사건 이후의 다윗에게는 은혜가 되는 것입니다. 사울이 실패했을 때는 내치셨는데, 다윗이 잘못했을 때는 벌하기는 하셔도 내치지 않고 다시 기회를 주셨기 때문입니다. 그것이 은혜입니다. 하나님은 다시 기회를 주셔서 우리로 하여금 우리가 바라던 것의 진상을 알게 하시고, 우리의 실패에도 불구하고, 또 우리의 어리석음과 실력 없음으로 인해 얻은 상처를 통해 하나님에게 더 가까이 가게 하십니다. 이것이 다윗입니다. 그러나 우리는 고난이 싫습니다. 확실한 행복, 분명한 확신, 흔들림 없는 안심, 우리는 이런 것에 더 마음이 가고 편안함을 느낍니다. 하지만 성경은 다윗의 삶을 통해 우리 인생은 그 정도가 아니라고 위협하십니다. '위협'이라고 하면 너무 무서워 보이지만 사실이 그렇습니다. 그렇게 해서라도 마침내 생긴 한없이 부끄러운 마음, 부족한 마음이 주께서 원하시는 상한 심령이고, "그렇다면 제가 그런 사람들 중에 우두머리입니다"라고 고백하는 것이 신앙이라고 성경은 말합니다.

우리는 이 문제가 다윗의 시편 10편에서 어떻게 펼쳐지는지 다시 한번 확인합니다. 다윗의 기도 시에는 순전한 기도 같은 것은 없습니다. 사울에게 쫓기던 시절, 블레셋의 왕 아기스에게 도망가서 미친 척하다 풀려난 때처럼 고난에 처해서 죽을 것 같을 때 한 기도가 대부분입니다. 물론 시편 8편, 19편, 23편 같은 시에서 우리는 놀라운 경지에 이른 그의 모습을 봅니다. 그러나 그것은 한 인생을 결산하는 수준에서 나오는 놀라운 고백입니다. 우리에게는 아직 더 가야 할 지점을 가리키는 이정표같이 역할하는 고백들입니다. 그런 고백을 너무 일찍 하려고 하지 말아야 합니다. 그런 고백은 인생을 더 살아 내야 도달할 수 있는 자리라고 생각해야 합니다. 더 그리고 계속 자라야 합니다. 완벽한 상태에 머무는 상태가 계속되지 않습니다. 하나님이 영원하시다는 것은 모든 가치와 차원에 있어서 계속 확장된다는 뜻입니다. 하나님의 하나님 되시는 능력은 충만하며 부요하며 깊고 놀랍습니다. 우리에게 사랑과 복을 주시려는 그분의 뜻의 크기도 그러합니다. 말하자면 우리는 어떤 상태에 머물러 있는 자신을 확인하는 것이 아니라 새로운 도전을 계속해서 만나는 가운데 성장해 가는 자신을 발견하게 되는 것입니다. 너무 숨 쉴 틈 없는 것 아니냐는 생각이 들기도 합니다. 그러나 한편으로 너무 걱정하지 말라는 증언이 시편 89편에 나옵니다. 다윗이 쓴 시가 아닌 다윗의 이야기에 관한 시편 89편은 우리에게 매우 중요하고 소중합니다.

에스라인 에단의 마스길

내가 여호와의 인자하심을 영원히 노래하며 주의 성실하심을 내 입으로 대대에 알게 하리이다. 내가 말하기를 인자하심을 영원히 세우시며 주의 성실하심을 하늘에서 견고히 하시리라 하였나이다. 주께서 이르시되 나는 내가 택한 자와 언약을 맺으며 내 종 다윗에게 맹세하기를, 내가 네 자손을 영원히 견고히 하며 네 왕위를 대대에 세우리라 하셨나이다. (1-4절)

이 구절은 사무엘하 7장에서 우리가 살펴본 말씀입니다.

여호와여, 주의 기이한 일을 하늘이 찬양할 것이요 주의 성실도 거룩한 자들의 모임 가운데에서 찬양하리이다. 무릇 구름 위에서 능히 여호와와 비교할 자 누구며 신들 중에서 여호와와 같은 자 누구리이까. 하나님은 거룩한 자의 모임 가운데에서 매우 무서워할 이시오며 둘러 있는 모든 자 위에 더욱 두려워할 이시니이다. 여호와 만군의 하나님 이여, 주와 같이 능력 있는 이가 누구리이까? 여호와여, 주의 성실하심이 주를 둘렀나이다. 주께서 바다의 파도를 다스리시며 그 파도가 일어날 때에 잔잔하게 하시나이다. (중략) 내가 또 그의 손을 바다 위에 놓으며 오른손을 강들 위에 놓으리니 그가 내게 부르기를 주는 나의 아버지시요 나의 하나님이시요 나의 구원의 바위시라 하리로다. 내가 또 그를 장자로 삼고 세상 왕들에게 지존자가 되게 하며 그를 위하여 나의 인자함을 영원히 지키고 그와 맺은 나의 언약을 굳게 세우며 또 그의 후손을 영구하게 하여 그의 왕위를 하늘의 날과 같게 하리로다. 만일 그의 자손이 내 법을 버리며 내 규례대로 행하지 아니하며 내 율례를 깨뜨리며 내 계명을 지키지 아니하면 내가 회초리로 그들의 죄를 다스리며 채찍으로 그들의 죄악을 벌하리로다. 그러나 나의 인자함을 그에게서 다 거두지는 아니하며 나의 성실함도 폐하지 아니하며 내 언약을 깨뜨리지 아니하고 내 입술에서 낸 것은 변하지 아니하리로다. 내가 나의 거룩함으로 한 번 맹세하였은즉 다윗에게 거짓말을 하지 아니할 것이라. 그의 후손이 장구하고 그의 왕위는 해같이 내 앞에 항상 있으며 또 궁창의 확실한 증인인 달같이 영원히 견고하게 되리라 하셨도다. (5-37절)

앞서 살핀 다윗에게 한 모든 약속이자 우리에게 주신 영원한 약속입니다. 그러나 89편의 말미는 분위기가 완전히 변합니다.

그러나 주께서 주의 기름부음 받은 자에게 노하사 물리치셔서 버리셨으며 주의 종의 언약을 미워하사 그의 관을 땅에 던져 욕되게 하셨으며 그의 모든 울타리를 파괴하시며 그 요새를 무너뜨리셨으므로 길로 지나가는 자들에게 다 탈취를 당하며 그의 이웃에게 욕을 당하나이다. 주께서 그의 대적들의 오른손을 높이시고 그들의 모든 원수들은 기쁘게 하셨으나 그의 칼날은 둔하게 하사 그가 전장에서 더 이상 버티지 못하게 하셨으며 그의 영광을 그치게 하시고 그의 왕위를 땅에 엎으셨으며 그의 젊은 날들을 짧게 하시고 그를 수치로 덮으셨나이다. (셀라) 여호와여, 언제까지니이까? 스스로 영원히 숨기시리이까? 주의 진노가 언제까지 불붙듯 하시겠나이까? 나의 때가 얼마나 짧은지 기억하소서. 주께서 모든 사람을 어찌 그리 허무하게 창조하셨는지요? 누가 살아서 죽음을 보지 아니하고 자기의 영혼을 스올의 권세에서 건지리이까? (셀라) 주여 주의 성실하심으로 다윗에게 맹세하신 그 전의 인자하심이 어디 있나이까? 주는 주의 종들이 받은 비방을 기억하소서. 많은 민족의 비방이 내 품에 있사오니 여호와여, 이 비방은 주의 원수들이 주의 기름부음 받은 자의 행동을 비방한 것이로소이다. 여호와를 영원히 찬송할지어다. 아멘 아멘. (38-52절)

"다윗과 그의 후손이 잘못하더라도 성실과 인자를 중단하지 않겠다. 약속을 깨지 않겠다"고 하나님이 말씀하셨습니다. 그런데 지금 어떻게 되었나요? 바빌론 포로로 잡혀 와 있습니다. 그곳에서 하나님께 이렇게 토로하는 것입니다. "하나님, 언제까지 우리를 낮추시려고 하십니까? 도대체 이게 뭡니까? 하나님은 왜 다윗의 삶을 확신에 찬 고백과 성공으로 끝내지 않으시고 고난을 받아 울게 하시고, 그 고난에도 불구하고 결국 인내하면 승리할 것이라는 결론에 이르게 하시지 않고 그냥 쓰러지게 놔두시고, 하나님의 영원한 약속이 엎어지도록 놔두십니까? 왜 아담이 선악과를 먹게 그냥 내버려두셨습니까? 하나님의 뜻에 불순종했으면 처음부터 다시 시작하시지 왜 그 역사를 그냥 이어가게 하셔서 우리로 죄의 본성을 갖고 태어나게 하십니까?" 이런 질문에 하나님이 이렇게 답하시는 것입니다. "앞에서 했던 너희의 고백은 그것대로 받고 다음 단계로 가려는 것이다. 고난을 뚫고 승리를 얻고 다음 단계로 간다. 너희에게 영원한 약속을 했다. 그러나 너희는 다시 고난을 받아야 한다. 책임을 지는 자리까지 가기 위해서다. 나는 너희에게 자유를 주어 선택을 하게 하려고 한다. 하지만 선택을 잘한 것과 잘하지 못한 것 모두를 다 쓰려고 한다." 하나님은 더 가자고 하십니다. 다윗에게 한 약속, 다윗의 집안과 왕권은 영원할 것이라는 자리, 즉 다윗이 사울 앞에서 하나님이 기뻐하시는 올바른 신앙을 지켜 고난을 달게 받고 인내로 얻은 승리의 자리 정도가 아니라 거기에서 더 나아가자는 것입니다. "이 약속들은 도대체 무엇입니까?"라고 외치는 데까지가 하나님이 우리를 이끄시려는 자리입니다.

영광의 찬송이 된 우리

마태복음 16장 15절 이하에 이런 말씀이 나옵니다. "너희는 나를 누구라 하느냐? 시몬 베드로가 대답하여 이르되 주는 그리스도시요 살아 계신 하나님의 아들이니이다. 예수께서 대답하여 이르시되 바

요나 시몬아, 네가 복이 있도다. 이를 네게 알게 한 이는 혈육이 아니요 하늘에 계신 내 아버지시니라. 너는 반석이라. 이 반석에 내가 교회를 세우리니 음부의 권세가 이기지 못하리라. 내가 천국 열쇠를 네게 주리니 네가 땅에서 무엇이든지 매면 하늘에서도 매고 땅에서 무엇이든지 풀면 하늘에서도 풀리리라 하시고…이때로부터 예수 그리스도께서 자기가 예루살렘에 올라가 장로들과 대제사장들과 서기관들에게 많은 고난을 받고 죽임을 당하고 제삼일에 살아나야 할 것을 제자들에게 비로소 나타내시니"(마 16:15-21 참조). 앞에 있던 약속과 고백에 대한 칭찬과 음부의 권세가 이기지 못하는 천국 열쇠를 주시고는 예수님은 자신은 십자가를 지고 죽어야 한다고 하십니다. 그러자 베드로가 결단코 그런 일이 일어나지 않게 하겠다고 하자 예수님이 크게 책망하십니다. "사탄아, 내 뒤로 물러 가라. 너는 나를 넘어지게 하는 자로다. 네가 하나님의 일을 생각지 아니하고 도리어 사람의 일을 생각하는도다 하시고 이에 예수께서 제자들에게 이르시되 아무든지 나를 따라 오려거든 자기를 부인하고 자기 십자가를 지고 나를 좇을 것이니라"(마 16:23-24 참조). 하나님은 우리에게 헌신과 제자도를 원하신다고 간단하게 생각하지 마십시오. 그 정도 말씀이 아닙니다.

바리새인의 핍박 정도가 아니라 말도 안 되는 고난이 예수님 앞에 있습니다. 우리로서는 왜 예수님이 죽으셔야 하는지 도무지 납득하지 못합니다. 아무리 생각해도 예수님이 죽으셔야 할 이유가 전혀 없습니다. 그래서 예수님은 부활하신 후에 엠마오로 가는 두 제자에게 이렇게 말씀하십니다. "미련하고 선지자들이 말한 모든 것을 마음에 더디 믿는 자들이여, 그리스도가 이런 고난을 받고 자기의 영광에 들어가야 할 것이 아니냐"(눅 24:25-26). 히브리서 기자도 비슷한 말을 합니다. "그가 아들이시라도 받으신 고난으로 순종함을 배워서 온전하게 되셨은즉"(히 5:8-9a). 성경은 우리에게 하나님이 만족하실 자리에 들어가기 위해서는 "자기를 부인하고 자기 십자가를 지고 나를 좇"아야 한다고 말합니다(마 16:24), 이유가 분명한 고난을 참고 버티는 정도가 아니라, 이유를 알 수 없는 고통을 참고, 더 이상 아무것도 필요 없을 것 같은 어떤 자리로 하나님이 우리를 이끌고 간다는 것입니다. 우리가 완벽하게 새로 빚어지는 자리로 말입니다.

골로새서에서 바울은 이렇게 말합니다. "나는 이제 너희를 위하여 받는 괴로움을 기뻐하고 그리스도의 남은 고난을 그의 몸된 교회를 위하여 내 육체에 채우노라"(골 1:24). 우리가 받는 고난은 나 하나의 완성일 뿐 아니라 우리 시대 그리스도의 사역의 연장선에 있는 것입니다. 말하자면 우리는 하나님의 구원 드라마에 등장하는 배우입니다. 우리는 그저 어떤 것을 교육받아야 할 사람 정도로 존재하는 것이 아니라 하나님이 쓰시는 드라마의 등장인물로 드라마 속에서 스토리의 일부가 되어 다른 이들과 함께 드라마를 만들어 가기 위해 존재합니다. 이것이 성경의 중요한 주제이고 관점입니다. 이야말로 우리가 아브라함과 다윗의 자손이신 예수의 제자, 땅끝까지 이르는 그분의 증인으로서의 삶을 살아 내고 쉽지는 않지만 참으로 신비로운 기독교 신앙, 복음에 대한 깊고 놀라운 이해를 가져야 하는 이유입니다.

하나님은 우리 인생을 죄를 짓지 않는 것이 전부인 존재, 죄냐 아니냐의 문제로 전전긍긍하는 존재 정도로 만들지 않으셨습니다. 필요하면 기적을 행하기도 하시고 논박하기도 하시고 때로는 도망하기도 하셨지만 결국 십자가를 마다하지 않으신 예수님 같은 존재로 하나님은 우리를 부르셨고 이끌고 계십니다. 여호와 하나님을 믿는 것이 예수 그리스도를 믿는 것으로 바뀐 이유는 예수님이 하나님의 구원과 방법의 구체적 실체이시기 때문입니다. 하나님은 우리를 예수님을 닮은 자리로 끝내 이끌고 마실 것임을 성경은 증언하고 있습니다. 그러니 예수 그리스도 위에 세움을 받은 신자로서 오늘 우리에게 주어진 현실을 마음껏 살아 보십시오. 우리의 한숨과 실패와 좌절에도 불구하고, 아니 오히려 그것들을 통해 하나님은 우리를 그분의 영광의 찬송이 되게 하실 것입니다. 이것이 구원받은 신자의 빼앗길 수 없는 운명입니다.

9

시인이 만난 하나님

시편은 구약성경 안에서 독특한 위치에 있습니다. 시편을 바르게 이해하기 위해서는 욥기를 먼저 알아야 합니다. 욥기는 생각보다 무척 난해합니다. 욥이 당하는 고난의 이유가 무엇인지를 이해하기 어렵기 때문입니다. 욥이 당하는 고난의 이유를 이해하지 못하면 욥의 불만, 욥과 세 친구의 논쟁, 하나님의 답 모두를 제대로 해석할 수 없습니다. 우리는 보통 욥을 인내의 모범으로 이해하고 그의 고난에 초점을 두고 인문학적 통찰을 빌려 해석하곤 합니다. 한 인간이 겪는 고난의 의미, 실존성 같은 것에 초점을 맞추어 욥기를 읽는 것입니다. 그러나 욥기는 우리에게 인내의 전형을 제시하기 위해 쓰이지 않았습니다. 욥기는 잘못이 없는 인생에 왜 고난이 생기는가를 다룹니다. 욥은 믿음으로 인내한 것이 아니라 답이 없어서 그저 버텼을 뿐입니다. 자신이 알고 있는 신앙 법칙으로 해결할 수 없는 현실을 그냥 직면한 것입니다.

우리 신앙에서 가장 어려운 부분은 우리의 신앙관으로 도무지 설명이 안 되는 문제가 현실로 치고 들어온다는 것입니다. 정확히 욥이 이 문제로 당황해합니다. 친구들이 인과응보라는 법칙을 들어 욥을 책망합니다. 잘못한 것이 있어서 벌을 받는 것이라고 합니다. 하지만 욥은 아무리 생각해도 잘못한 것이 없습니다. 그래서 그들의 책망을 거부합니다. 하지만 친구들은 그런 거부 자체가 욥이 틀렸다는 증거라고 계속 비난합니다. 기독교 신앙 세계와 신학은 열려 있어야 합니다. 우리가 알고 있는 것은 단편적이고 희미한 것임을 알아야 합니다. 우리의 이해를 종합한다 해도 온전한 지식에 이르기에는 모자라는 것임을 알아야 합니다.

닫힌 신앙, 열린 신앙

욥기는 바로 그 이야기입니다. 욥기 결론에 이르러 욥은 이렇게 고백합니다. "내가 하나님에 대해서 귀로 듣기만 했는데 이제는 눈으로 봅니다"(욥 42:5 참조). 이 말은 그동안 자신이 하나님을 안다고 했던 것은 장님이 코끼리 만지기 식이었다는 뜻입니다. 우리가 부분적으로 알고 확신하는 것들을 조합하면 무엇이 나올까요? 괴물이 나옵니다. 우리가 경험한 부분을 조합하는 것만으로는 코끼리의 온전한 모습을 알 수 없습니다. 장님 코끼리 만지기에서 중요한 것은 보는 것입니다. 눈으로 봐야 코끼리와 코끼리 아닌 것을 구분할 수 있습니다. 하나님이 어떤 분이신지를 하나씩 배우고 경험한 것을 우리 마음대로 조합하면 괴물이 될 수도 있습니다. 따라서 때로는 "모르겠다"가 정답일 때가 있습니다. 예수를 믿으면 분명 천국에 갑니다.

분명합니다. 그 반대도 분명합니다. 그러면 복음이 전파되지 않은 세상과 시대의 사람은 어떻게 될까요? 저는 모르겠습니다. 다만 하나님은 인간이 구원받길 원하는 분이신 것만은 확신합니다. "그러면 누구나 다 구원받겠네요?"라고 말하고 싶겠지요. 아마 거의 그럴 것 같습니다. 심지어 저나 여러분도 구원받았으니까요.

하나님은 구원받은 이들만의 하나님이 아니라 창조세계의 하나님이심을 잊지 마십시오. 욥기를 읽으면 욥의 당황과 분노가 단계적으로 올라가는 것을 알 수 있습니다. 처음에는 침묵합니다. 당황한 것입니다. 혼란스러워하는 단계입니다. 3장에 가면 "나 죽겠다"가 나옵니다. 하나님께 대드는 것입니다. 자폭하는 단계입니다 모든 극단적 선택은 폭력입니다. 살아 있는 사람에게 사용하는 최흉의 수단입니다. "네가 나를 돌보지 않아서 나는 죽는다. 내 편을 들어주지 않아서 죽는다." 이렇게 말하는 것입니다. 이는 살인에 해당합니다. 그저 자신을 죽여서 그런 것이 아니라, 본인이 죽음으로써 다른 사람을 죽이는 행위이기 때문입니다. 욥이 그렇게 합니다. "나 죽겠다"의 살기가 자신을 태어나게 한 하나님께로 향합니다. 동일한 반발과 아우성이 예레미야 20장에도 나옵니다. "내가 태어난 날이 달력에 없었더라면, 어머니가 건강하지 않았더라면, 산파가 나를 제대로 받아내지 않았더라면"(14-17절 참조). 그런 원망과 분노와 체념 속에서 욥이 겁 없이 이렇게 말합니다. 욥기 13장 20-22절입니다.

오직 내게 이 두 가지 일을 행하지 마옵소서. 그리하시면 내가 주의 얼굴을 피하여 숨지 아니하오리니 곧 주의 손을 내게 대지 마시오며 주의 위엄으로 나를 두렵게 하지 마실 것이니이다. 그리하시고 주는 나를 부르소서. 내가 대답하리이다. 혹 내가 말씀하게 하옵시고 주는 내게 대답하옵소서.

욥의 이 말은 굉장히 놀랍습니다. 그러자 38장에서 하나님이 폭풍 가운데서 욥에게 나타나 이렇게 응답하십니다. "너는 대장부처럼 허리를 묶고 내가 네게 묻는 것을 대답할지니라"(3절). 하나님이 폭풍 가운데 임하신 것을 우리는 하나님이 분노하거나 겁을 주시는 것으로 이해하지만, 13장에 의하면 지금 하나님은 욥의 도전에 반응하시면서 대등한 입장에서 얘기해 보자고 하시는 것입니다. 시쳇말로 계급장 떼고 붙어 보자는 욥의 아우성에 하나님이 실제로 반응하신 것입니다. 사실, 피조물이 감히 창조주와 맞짱을 뜨는 이 놀라운 상황이 성경에는 반복해서 나옵니다. 창조주 하나님이 피조물인 우리를 대등하게 대하시는 놀라운 관계를 성경은 사랑이라고 말합니다. 믿음도 마찬가지입니다. 하나님은 우리에게 사랑과 믿음을 요구하시는데, 여기에는 하나님이 우리를 동등하게 대하신다는 놀라운 관계가 전제되어 있는 것입니다.

열심으로는 채울 수 없는 내용

욥에게 대장부처럼 허리를 동이고 묻는 말에 대답하라는 하나님의 질문의 의도는, 하나님께 반발하고 변론해 보자고 대드는 자신감의 근거가 어디에 있는지를 욥에게 확인시켜 주기 위함입니다. 친구들 앞에서 당당했던 욥의 자신감은 도덕성, 윤리였습니다. "나는 잘못한 것이 없다. 내 신앙생활에는 틀린 것이 없다. 나의 신앙은 순도 100퍼센트다." 여기서 기억해야 할 것이 있습니다. 진심과 진정성과 열정 자체는 무의미하다는 것입니다. 거기에는 내용이 없습니다. 열심, 진정성, 순도 자체는 무엇도 만들지 못합니다. 어떤 진심, 무엇을 위한 열정인지가 중요합니다. 열심 같은 것은 본문 자체가 아니라 본문을 쓰는 데 필요한 단어입니다. 성경도 열심을 내는 것과 게으른 것을 구분하고 강조합니다. 그러나 어떤 공연과 연주를 위한 무대로 그렇게 할 뿐이지 그것 자체를 강조하지 않습니다. 성경은 본문을 담고, 내용물을 담기 위한 무대와 그릇으로 그것을 동원합니다. 그것 없이는 내용을 담지 못합니다. 하지만 그릇이 본문은 아닙니다. 무대, 그릇, 콘텍스트는 본문을 만들지 못합니다.

욥은 도덕적·윤리적·종교적 기준에 근거해 자신에게는 잘못이 없고 하나님에게 잘못이 있다는 데까지 이릅니다. 그런 욥에게 하나님은 창조세계를 보여 주십니다. 여기서 창조는 인고법칙의 결과가 아니라 아무것도 없는 데서 만들어진 것을 뜻합니다. 한마디로 신비입니다. 욥에게 하나님이 이렇게 물으신 셈입니다. "너는 스스로 원인이 되고 시작이 되고 근거가 되고 네 힘과 능력으로 이런 아름다움과 생명과 영광을 만들 수 있느냐? 네가 갖고 있는 자신감으로 무엇을 만들 수 있느냐? 선악을 구별하고 죄를 짓지 않는 것 말고, 적극적으로 만들 수 있는 것이 무엇이냐?" 겁을 주셔서 입을 다물게 하시려는 것이 아니라 자신을 직면하게 하시는 것입니다. 욥은 자신의 알량한 도덕적 자신감, 종교적 명분에 붙잡혀 더 큰 세계, 즉 창조와 부활의 세계라는 하나님 신앙에까지는 이르지 못했습니다.

하나님은 욥의 도전에 친히 응하십니다. 인과율에 근거한 친구들의 종교적 비난만 아니라 욥의 도덕적 자신감을 여지없이 허무시고 하나님에 대해 아는 지식(knowing about God)에서 하나님을 직접 눈으로 보는 자리, 즉 하나님을 아는 지식(knowing God)으로까지 나아가게 하십니다. 성서학자 엘렌 데이비스에 따르면, 종교적으로 엄숙하고 성실했던 욥은 이 모든 슬픔을 겪은 후에는 규칙에 얽매이지 않는 사람으로 변합니다. 데이비스는 그 증거를 욥이 아들만을 귀하게 여기던 관습을 깨고 딸들에게 유산을 주고 딸들에게 독특한 이름도 지어 준 것에서 찾습니다. 첫째 딸은 예미마(비둘기)로, 둘째 딸은 케치아(계피)로, 셋째 딸은 케렌-하푸크(아이섀도의 꼭지)로 당시 관례에는 맞지 않는 감각적인 이름을 짓습니다. 욥이 드디어 깨달은 것입니다. 인생에서 중요한 것은 자신이 아니라 창조주가 담는 것에 달려 있다는 것을 말입니다. 이것이 욥기의 주제입니다. 그리고 욥기의 이 문제는 시편에서 또다시 중심 주제로 등장합니다.

시편, 다시 들여다보기

시편에는 여러 장르가 있습니다. 가장 먼저 찬송시가 있습니다. 성전에 올라가는 노래, 할렐루야로 시작해서 할렐루야로 끝나는 시들이 여기에 해당합니다. 다음으로는 탄원시가 있습니다. 시편 13편같이 "여호와여, 어느 때까지니이까"라는 아우성, 탄원으로 된 시가 대표적입니다. 또 간구의 시가 있습니다. 하나님께 간청하는 내용이 주를 이루는 시들이 여기에 해당합니다. 찬송시에는 찬송 형식과 고백 형식으로 되어 있는 것이 있습니다. 많은 그리스도인이 좋아하는 시편 23편이 찬송 형식을 대표하는 시입니다. 소위 해피 엔딩이기 때문입니다. 하지만 현실을 살다 보면 우리는 시편 13편에 훨씬 많이 공감합니다. "여호와여, 어느 때까지입니까?" "언제 이 고단픈 인생을 끝내고 안식을 누릴 수 있겠습니까?" 이것이 욥의 고백이었습니다. 우리 인생의 주도권이 하나님께 있으며, 우리 존재의 정체성과 인생의 가치라는 그릇을 채울 내용은 하나님만 갖고 계신다는 욥기의 주제를 시편은 더 확장합니다.

시편의 독특성은 시편 대부분이 인간의 고백이라는 점입니다. 인간의 고백이 어떤 검열 없이 적나라하게 기록되어 있습니다. 여러 시편에 등장하는 "셀라"의 의미를 통해 이 사실을 추측해 볼 수 있습니다. "셀라"는 시편의 절과 편의 마지막 부분, 시의 끝이나 중간에 일정한 규칙 없이 사용되는 히브리어 단어인데, 많은 구약학자가 이 단어를 정확하게 정의하지 못하고 음악 기호 정도로 추측합니다. 저는 이 단어에 "정말"과 "제발"이라는 두 가지 뜻이 있다고 생각합니다. "정말"이란 의미의 셀라는 '아멘'과도 조금 다릅니다. '아멘'이 "진실로 나도 동의합니다"라는 뜻이라면, '셀라'는 "하나님, 이래야 맞는 것 아닌가요? 왜 이렇게 놔두십니까? 제발!"이란 뜻에 가깝습니다. 다른 말로 하면 "잠깐 멈추고 생각해 보자. 그냥 쉽게 넘어가지 마라"인 것 같습니다. "여기에서는 진지해져야 한다. 깊이 생각해야 한다." 찬송시만 아니라 간구시에서도 셀라를 이렇게 읽는 것이 훨씬 자연스러워 보입니다. 시편 42편을 함께 봅시다. 시편 42편은 내용상

43편과 44편과 연결됩니다.

하나님이여, 사슴이 시냇물을 찾기에 갈급함같이 내 영혼이 주를 찾기에 갈급하니이다. 내 영혼이 하나님 곧 살아 계시는 하나님을 갈망하나니 내가 어느 때에 나아가서 하나님의 얼굴을 뵈올까? 사람들이 종일 내게 하는 말이 네 하나님이 어디 있느뇨 하오니 내 눈물이 주야로 내 음식이 되었도다. 내가 전에 성일을 지키는 무리와 동행하여 기쁨과 감사의 소리를 내며 그들을 하나님의 집으로 인도하였더니 이제 이 일을 기억하고 내 마음이 상하는도다. 내 영혼아, 네가 어찌하여 낙심하며 어찌하여 내 속에서 불안해하는가? 너는 하나님께 소망을 두라. 그가 나타나 도우심으로 말미암아 내가 여전히 찬송하리로다. (1-5절)

이 시편 기자는 지금 혼비백산해 있습니다. 지푸라기라도 잡고 싶은 심정인 이 시인은 "성일을 지키는 무리와 동행하여 기쁨과 감사의 소리를 내며 그들을 하나님의 집으로 인도"했던 경험이 있습니다 (4절). 신앙이 좋은 사람이요 감격스러운 경험을 했던 이 시인이 지금은 낙심하고 있습니다. 6절 이하를 계속 보겠습니다.

내 하나님이여, 내 영혼이 내 속에서 낙심이 되므로 내가 요단 땅과 헤르몬과 미살 산에서 주를 기억하나이다. 주의 폭포 소리에 깊은 바다가 서로 부르며 주의 모든 파도와 물결이 나를 휩쓸었나이다. 낮에는 여호와께서 그의 인자하심을 베푸시고 밤에는 그의 찬송이 내게 있어 생명의 하나님께 기도하리로다. 내 반석이신 하나님께 말하기를 어찌하여 나를 잊으셨나이까 내가 어찌하여 원수의 압제로 말미암아 슬프게 다니나이까 하리로다. 내 뼈를 찌르는 칼같이 내 대적이 나를 비방하여 늘 내게 말하기를 네 하나님이 어디 있느냐 하도다. 내 영혼아, 네가 어찌하여 낙심하며 어찌하여 내 속에서 불안해하는가? 너는 하나님께 소망을 두라. 나는 그가 나타나 도우심으로 말미암아 내 하나님을 여전히 찬송하리로다. (6-11절)

시편 기자는 예전에 가졌던 도덕과 율법적 신앙관으로는 해결되지 않는 현실에 직면해 있습니다. 현재 자신의 신앙관으로는 도무지 하나님을 이해할 수 없습니다. 그가 할 수 있는 것이라곤 도덕적 신앙관을 기반으로, 하나님께 더 간절히 매달리고 더 충성하고 더 기도하는 수밖에 없습니다. 이것 말고는 할 수 있는 것이 없습니다. 욥기에 나오는 친구들처럼 인과응보 법칙으로는 도무지 풀리지 않는 현실 앞에 있습니다. 죄 문제가 아니라 이해할 수 없는 현실, 곧 자신이 아는 신앙관으로는 설명할 수 없는 현실에 철저하게 좌절하고 있습니다. "내 영혼아, 네가 어찌하여 낙심하며 어찌 내 속에서 불안해하는가?" 말고는 할 것이 없는 상황입니다. 여기서 시인은 어디로 돌아가기를 바라고 있습니까? 도덕적 세계관, 율법적 세계관으로 다시 돌아가려고 합니다. 더 충성하고 더 헌신하고 더 매듭지으면 결국 해결될 것이라는 율법적 세계관으로 돌아가려고 하는 것입니다. 그런데 하나님이 그렇게 되도록 놔두시지 않는다고 기자는 말합니다.

역설의 가치를 증언하는 시인

특별히 잘못한 것이 없는 어느 날, 하나님이 우리를 사방이 막혀 있는 곳에 집어넣고 문을 닫아 버리신 것 같은 때가 있습니다. 그럴 때 우리는 어쩔 줄 몰라 하며 당황합니다. 내가 아는 하나님은 이런 분이 아닌데 인내심을 시험하시려는 것인가, 진정성을 시험하시는 것인가 하면서 혼란스러워합니다. 이런 시인의 기도가 시편 43편입니다.

> 하나님이여, 나를 판단하시되 경건하지 아니한 나라에 대하여 내 송사를 변호하시며 간사하고 불의한 자에게서 나를 건지소서. 주는 나의 힘이 되신 하나님이시거늘 어찌하여 나를 버리셨나이까? 내가 어찌하여 원수의 억압으로 말미암아 슬프게 다니나이까? 주의 빛과 주의 진리를 보내시어 나를 인도하시고 주의 거룩한 산과 주께서 계시는 곳에 이르게 하소서. 그런즉 내가 하나님의 제단에 나아가 나의 큰 기쁨의 하나님께 이르리이다. 하나님이여, 나의 하나님이여, 내가 수금으로 주를 찬양하리이다. 내 영혼아, 네가 어찌하여 낙심하며 어찌하여 내 속에서 불안해하는가? 너는 하나님께 소망을 두라. 그가 나타나 도우심으로 말미암아 내 하나님을 여전히 찬송하리로다. (1-5절)

탄식과 절망과 신앙고백이 뒤섞여 있습니다. 탄식하고 절망하다가 다시 신앙을 고백하고, 그리고 다시 탄식과 자책이 나옵니다. 시인은 지금, 하나님이 도덕법과 율법에 매이지 않으신다는 사실에 쩔쩔매고 있습니다. 왜 자기같이 괜찮은 사람을 형통한 길로 이끌지 않으시는지 답답하고 억울해서 하나님께 한번 따져 보자고 도전하는 것입니다. 그러자 하나님은 욥에게 하신 것처럼 그 도전에 응하십니다. 시편에는 이런 장면이 수없이 나옵니다. 하나님은 우리로 하여금 우리의 당면한 한계와 절망에 대해 토로하고 고백하게 하십니다. 나아가 하나님은 불경하다 싶을 정도로 우리가 우리의 불단과 고충과 어려움을 거침없이 하나님께 드러내도록 하셨습니다. 이 놀라운 역설이 신자의 삶에 허락되어 있음을 보여 주는 것이 시편의 가치입니다.

여기에는 하나님이 우리를 품고 계신다는 확인이 담겨 있습니다. 우리는 짐짓 하나님께 화를 내고, 죽겠다고 협박하지만, 결국 우리는 "하나님 없이는 안 돼요"라는 고백을 합니다. 이러한 일은 우리의 신앙이면서 동시에 하나님의 보호이기도 합니다. 하나님이 이렇게 우리에게 그 자리에서 넘어오라고 부르시는 내용이 시편 곳곳에 등장합니다. 시편 40편에는 이 내용이 더 놀랍게 기술되어 있습니다.

내가 여호와를 기다리고 기다렸더니 귀를 기울이사 나의 부르짖음을 들으셨도다. 나를 기가 막힐 웅덩이와 수렁에서 끌어올리시고 내 발을 반석 위에 두사 내 걸음을 견고하게 하셨도다. 새 노래 곧 우리 하나님께 올릴 찬송을 내 입에 두셨으니 많은 사람이 보고 두려워하여 여호와를 의지하리로다. 여호와를 의지하고 교만한 자와 거짓에 치우치는 자를 돌아보지 아니하는 자는 복이 있도다. (1-4절)

쉽게 말하면 이런 뜻입니다. "지금 나는 나의 신앙관, 즉 도덕법과 율법 차원의 하나님에 대한 지식으로는 해결할 수 없는 절망에 빠져 있다. 이 상황을 도무지 어떻게 설명하고 해결해야 할지 모르겠다. 하나님은 선하시고 신자의 기도에 응답하시고 믿음 좋은 사람에게는 상 주시는 분이라는 지금까지의 내 신앙으로는 이 상황을 이해할 수 없다!" 그러자 하나님이 시인에게 이렇게 말씀하십니다. "나는 기계적인 원칙주의자나 그저 상벌을 주는 심판자 정도가 아니다. 나는 너를 기르는 너의 부모다. 나는 너를 잘잘못에 따라 처리하는 그런 존재가 아니다. 지금 이 상황은 너를 더 성장시키려는 훈련이요 과정이자 기회다."

그러자 다윗은 3절에서 말합니다. "새 노래로 주를 찬송하겠다." 바로 새 노래, 전에는 없던 노래입니다. 전에 알았던 지식과 경험에 근거한 노래가 아닌, 전에는 알지 못했던 하나님을 알고서야 짓게 된 새로운 노래입니다. 그런 의미에서 하나님은 법칙이 아닙니다. 하나님은 창조주이시고 섭리자십니다. 성경에서 창조는 단번에 완성된 것이 아니라 창조된 세계를 부요함과 풍성함과 승리와 영광으로 계속 이끌어 나아가는 것까지 포함합니다. 로완 윌리엄스 말대로 하면, 기독교의 하나님은 언제든지 새로운 창조로 우리의 인생의 역사에 개입하실 수 있습니다.

우리가 알지 못했던 하나님

그러면 구약과 시편에서는 답이 제시되지 않고 신약에 와서야 답이 제시되는 이유가 무엇일까요? 시간에 관한 문제 때문입니다. 시간이란 어제가 있어야 오늘이 있고 오늘이 있어야 내일이 있는 법입니다.

원인과 그에 대한 반응, 그리고 그 결과가 뒤따라오는 방식으로 하나님이 창조세계를 다스리시고, 목적으로 삼으신 것을 성취하신다는 사실을 우리는 알아야 합니다. 그동안 우리는 시간 속에서 일하시는 하나님을 모르고 초시간적인 명분과 추상적 정답만을 요구하고 제시해 왔습니다. 약간의 성공과 대부분의 실패와 좌절과 눈물로 쌓이는 지혜와 분별의 가치를 외면하고, 종교적 명분과 내용 없는 구호와 진심이라는 것으로 구체적 현실을 대신했습니다. 이것이 우리에게 역사적 신앙관이 필요한 이유입니다. 실존적 신앙을 가지고 신앙생활을 시작할 수밖에 없는 것이 우리의 현실이지만 그것은 나의 경험과 이해로 축소될 위험이 늘 존재하기 때문에, 우리에게는 시간이라는 구체적 과정과 사건 속에서 일하시는 하나님을 볼 수 있는 역사적 신앙관이 필요합니다. 이것이 하나님이 그분 자신을 우리 조상의 하나님, 아브라함의 하나님, 이삭의 하나님, 야곱의 하나님으로 계시하신 이유입니다. 하나님의 일하심에 대한 역사적 신앙관을 가짐으로써 우리는 자유와 선택과 지혜와 경험과 시행착오를 통해 성숙한 인간으로 만들어집니다. 더 나아가 명예로움과 아름다움과 영광스러움이 우리 자신의 존재 안에서 빛나게 되는 데까지 이릅니다.

우리는 시편에서 전에는 알지 못했던 하나님을 만나고서는 소스라치게 놀랍니다. "하나님은 제사를 원치 않는다"라는 선언은 너무나 놀라운 말입니다(시 40편; 51편) 성경은 하나님이 제사가 아니라 상한 심령을 원하신다고 증언합니다. 시편 40편은 이를 이렇게 기술합니다. "여호와 나의 하나님이여, 주께서 행하신 기적이 많고 우리를 향하신 주의 생각도 많아 누구도 주와 견줄 수가 없나이다. 내가 널리 알려 말하고자 하나 너무 많아 그 수를 셀 수도 없나이다"(5절). 하나님이 행하신 일과 펼치신 뜻을 널리 알리고 싶은데, 그 수가 너무 많아 셀 수 없을 정도입니다. 단순히 숫자의 개념을 말하는 것이 아닙니다. 인간의 능력과 용량으로는 하나님의 일과 뜻을 담을 수 없다는 뜻입니다. "주께서는 제사와 예물을 기뻐하지 않고 번제와 속죄제를 요구하지 않으며 상한 심령을 원한다고 말씀하셨습니다. 네, 상한 심령이 바로 저입니다!" 앞부분은 우리가 아는 도덕법, 율법입니다. 율법을 포함한 도덕법은 공연이나 연주를 위한 무대입니다. 그런데 그 공연을 예수님이 오셔서 하시고 예수님이 우리를 부르셔서 공연을 이어서 하라고 하신다는 것, 이것이 신약이 말하는 복음입니다. 그릇이 깨지면 내용물이 쏟아집니다. 율법의 가치는 영원하지만 율법은 본문을 대체할 수 없습니다. 그 본문이란 수없이 많습니다. 성령의 열매도 본문입니다. 가장 중요하게는 인격적·성품적 완성이 본문입니다. 에베소서 4장 13절 이하를 함께 살펴보겠습니다.

우리가 다 하나님의 아들을 믿는 것과 아는 일에 하나가 되어 온전한 사람을 이루어 그리스도의 장성한 분량이 충만한 데까지 이르리니, 이는 우리가 이제부터 어린 아이가 되지 아니하여 사람의 속임수와 간사한 유혹에 빠져 온갖 교훈의 풍조에 밀려 요동하지 않게 하려 함이라. 오직 사랑 안에서 참된 것을 하여 범사에 그에게까지 자랄지라. 그는 머리니 곧 그리스도라. 그에게서 온 몸이 각 마디를 통하여 도움을 받음으로 연결되고 결합되어 각 지체의 분량대로 역사하여 그 몸을 자라게 하며 사랑 안에서 스스로 세우느니라. (엡 4:13-16)

신앙은 성숙, 곧 인격의 완성으로 가는 것입니다. 예수님이 그러셨던 것같이 말입니다. 도덕법이 예수님과 얼마나 다른지를 우리는 바리새인과 예수님의 싸움에서 확인합니다. 바리새인은 언제나 율법을 들먹이며 말하지만, 예수님은 당신이 "곧 길이요 진리요 생명"이라고 말씀하십니다(요 14:6). 진리란 명분이 아니라 인격이라고 말입니다. 예수님에 따르면, 인격이 길이고 진리고 생명입니다. 누구도 이런 식으로 진리를 생각하지 못했습니다. 진리는 명분이고 술리이고 도덕이지 인격에 속한 것이라고는 결코 생각하지 못했습니다. 그러나 예수님은 이렇게 말하시는 것입니다. "나는 부활이고 생명이다! 너희가 아는 명분과 덕목과 추상명사가 아니라 인격이고 실존이다!" 그래서 "말씀이 육신이 되어 우리 가운데 거하시매 우리가 그의 영광을 보니 아버지의 독생자의 영광이요 은혜와 진리가 충만하더라"인 것입니다(요 1:14). 신앙은 도덕과 윤리라는 차원에서 친절하고 상냥하고 겸손하다는 것이 아니라 존재론적 차원에서 달라지는 것입니다.

성경은 우리가 존재론과 정체성에 있어서 "그리스도의 장성한 분량이 충만한 데"까지 이르러야 한다고 말합니다(엡 4:13). 그 목적을 이루시기 위해 하나님은 역사라는 방법을 사용하십니다. 경험을 해 보라는 것입니다. 구약성경의 시인들처럼 우리를 부르셔서 우리와 씨름을 하시고 인도하시는 하나님, 기대와 다른 현실에서, 전에는 알지 못했던 기가 막힌 상황에서 토해 내는 우리의 반응을 용납하시고 그 과정에서 잘한 것은 잘한 대로 못한 것은 못한 대로 우리가 성장하는 데 사용하시는 하나님을 보라고 말합니다. 그러니 너희 마음껏 해 보라고 말합니다. 욥과 다윗을 포함한 시인들의 처절한 탄식과 아우성과 고함이 시편 안에 고스란히 담긴 것은 이 때문입니다. 도덕적·윤리적인 이분법 너머에 있는 온갖 경험이 쌓여 만들어진 작품처럼, 향기가 있고 상처가 있고 슬픔이 있고 꿈 같은 것이 절묘하게 어우러진 그림이 되라는 것입니다. 하나님은 자신이 우리를 어떤 존재로 만들고 싶어 하시며, 인생에서 우리에게 무엇을 보여 주고자 하시는지를 시편과 구약 역사를 통해 알려 주시고 오늘도 우리를 그 자리까지 이끌고 계십니다.

10

예언자가 만난 하나님

'예언자적 신앙'이라고 하면 우리는 약한 자들의 편이 서서 공평과 정의를 서슬 퍼렇게 외치는 이들을 떠올립니다. 실제로 오늘날 예언자의 사명을 강조하는 분들은 불의한 세상과, 그런 세상에서조차 조롱거리가 된 교회를 향해 준엄한 심판을 선언하는 것이 자신의 역할이라고 생각합니다. 하지만 이는 성경이 말하는 예언자의 실상과는 조금 차이가 있습니다.

이스라엘 역사는 실패의 역사입니다. 하나님이 여언자를 보내서 이스라엘의 회개를 촉구하시지만 이스라엘은 예언자의 메시지에 귀를 기울이지 않습니다. 요나를 제외하고 회개라는 결과를 얻은 예언자는 없습니다. 하나님은 예언자를 왜 세우셨을까요? 예언자는 이스라엘이 멸망할 무렵에 등장하여 "너희는 너희 잘못 때문에 심판을 받을 것이다"라고 외칩니다. 예언자가 선포한 이 형벌에 담긴 의미는 무엇일까요? 또 예언자들의 메시지는 멸망과 저주가 다가 아닙니다. 그들은 멸망과 저주의 메시지를 전하고 이렇게 외칩니다. "너희를 향한 하나님의 심판은 너희로 하여금 하나님 백성답게 사는 일에 승리하게 하려고 그러신 것이다. 그러니 너희가 이 땅에서 쫓겨나 바빌론 포로로 끌려가더라도 그것이 끝은 아니다." 멸망의 메시지 다음에 회복의 메시지가 언제나 따라붙습니다. 이것은 무슨 의미일까요?

이스라엘 역사에는 두 가지 큰 사건이 있습니다. 모세오경에 기록된 출애굽과 역사서와 예언서에 기록된 바빌론 포로 사건입니다. 출애굽 사건이 이스라엘 백성에 대한 하나님의 신실함과 권능을 보여주는 이야기라면, 바빌론 포로는 그렇게 이집트에서 불러낸 백성이 신실하지 못해 이방에 넘겨지더라도 그것이 이집트에서 그들을 꺼내신 일에서 드러난 하나님의 목적과 의지를 무효화하지는 않음을 보여 줍니다. 오히려 이 일로 구원을 이루시는 하나님의 방법이 더 분명하게 드러납니다. 따라서 바빌론 포로는 이스라엘이 가장 큰 유익과 교훈을 얻는 시간이 됩니다.

이사야가 증언하는 하나님의 비전

이사야서는 예언서 중에서 가장 중요합니다. 이사야서는 모두 66장으로 되어 있는데, 역사적 배경 차이에 따라 1장에서 39장까지를 제1이사야, 40장부터 55장까지를 제2이사야, 56장부터 66장까지를 제3이사야로 구분합니다. 제1이사야는 유다의 몰락을, 제2이사야는 바빌론 포로기를, 제3이사야는 포로에서의 귀환을 배경으로 합니다. 내용으로 보자면, 1장부터 39장까지는 하나님의 진노와 심판을 선언하고, 40장에서 55장까지는 포로에서의 회복을 약속하고, 56장에서 66장까지는 하나님의 꿈, 하나님 통치의 완성을 느래합니다.

1장부터 39장까지 제1이사야의 세계관은 율법적 세계관입니다. 잘잘못을 따지는 율법이 중심에 있는 세계관입니다. 그래서 하나님께 범죄를 저지르는 남 왕국 유다를 향해 율법에 근거한 심판을 예언합니다. 이것이 "하늘이여, 들으라. 땅이여, 귀를 기울이라. 내가 자식을 양육하였거늘 이들이 내 말을 듣지 않는다. 그래서 심판하겠다"로 이사야서가 시작되는 이유입니다. 그렇게 율법적 세계관으로 하나님의 진노와 심판을 이야기하다가 40장부터는 "너희는 내 백성을 위로하라. 그들은 죗값을 충분히 받았다. 내가 그들을 값없이 속량할 것이다"라고 회복을 말합니다(사 40:1-2 참조). 주목할 것은 회복의 조건이 없는데도, 회복이 약속된다는 것입니다. 그래서 이 부분을 은혜의 세계관이라고 부릅니다. 그리고 제2이사야가 끝나는 55장에서 이스라엘은 회복의 약속대로 고토로 귀환하고, 산들이 박수를 치고 노래합니다. 하지만 귀환하고 낙심합니다. 무너졌던 성전도 다시 지었지만, 기대와 달리 파괴된 마을과 남은 자들은 불의와 도적들과 이방 세력들이 득세하는 현실에서 신앙은 실패하고, 하나님에 대한 예배는 변질되고 마는 것을 경험합니다. 구약의 문을 닫는 말라기의 유명한 구절 "헛된 제사를 지내지 못하게 성전 문을 닫아 줄 사람이 있다면 좋겠다"는 하나님의 한탄은 이때를 배경으로 합니다 (말 1:10).

이스라엘 백성은 은혜의 세계관에서조차 실패합니다. 율법의 세계에서 나와 회복과 용서가 있는 은혜의 세계로 들어왔지만, 이스라엘 백성은 다시 책망당합니다. 왜 은혜의 세계에 절망이 있고 책망이 있는 것일까요? 56장부터 66장까지 제3이사야는 자유의 세계관을 담고 있기 때문에 그렇습니다. 율법을 넘어 은혜로 들어왔음에도 여전히 존재하는 잘못에 대한 책임과 그에 대한 책망은 율법과 은혜의 세계관에서 요구받았던 그것과는 전혀 다른 차원입니다. 자유의 세계관에서 신자가 요구받는 책임과 자유는 최고의 권리이고 최고의 행복입니다. 자유란 누구의 강제 아래 있는 것이 아닙니다. 독립된 주권입니다. 그러나 자유는 자신의 존재와 정체와 운명에 대해 책임도 져야 합니다. 내가 하나님을 의지하고 살 것인지, 하나님 아닌 다른 것을 선택할 것인지 자유로이 선택할 수 있습니다. 말하자면, 세상이 하나님을 믿지 않는 것도 자유입니다. 물론 무지(無知)의 자유입니다.

자유와 책임적 존재로 부르심

이사야가 말하고 싶은 것은, 하나님이 이를 통해 하나님의 부르심을 받고 은혜를 입은 신자를 자유인으로 만들고 싶어 하신다는 사실입니다. 신자는 자유인으로 부르심을 받았으며, 따라서 율법의 강제에 의해서가 아니라 자발적으로 선택하고 그에 대한 책임을 지는 존재로 커야 한다는 것이 이사야를 통해 드러나는 하나님의 꿈입니다. 신자는 이 자유의 세계관에서 하나님이 어떤 분이신지, 세상은 무엇이며, 인간이 무엇인지, 죄는 무엇이며, 구원이 무엇인지, 행복이 무엇인지를 새로운 차원에서 배웁니다. 거기에는 율법의 요소와 은혜의 요소가 동시에 존재하는데, 그것이 우리를 권리와 책임의 자리로 이끌어 우리가 살아 본 만큼 자유와 권리를 소유하게 합니다. 선택하고 책임지기 위해서는 분별과 지혜가 필요합니다. 이런 안목과 통찰은 기도나 봉사, 전도, QT 같은 종교적 명분에 대한 진심, 열심, 진정성 같은 초시간적 행위로 얻을 수 있는 것이 아닙니다. 그것은 시행착오와 경험 같은 시간성과 구체성을 가진 것을 통해서만 배울 수 있습니다. 그래서 우리는 겪어야 하는 것입니다.

하나님이 이사야를 통해 꾸셨던 꿈은, 신자가 그 일련의 과정을 거쳐 하나님께 감사하고 찬송하며 기꺼이 순종하는 존재로 자라는 것입니다. 우리는 순종이란 자기 생각과 의지를 버리고 하나님이 하자는 대로 그냥 하는 것이라고 생각합니다. 하지만 성경은 순종을 그렇게 말하지 않습니다. 성경은 하나님이 우리를 기계가 아닌 인격적 존재, 종속적 관계가 아닌 대등한 관계로 대우하시니, 그에 걸맞은 자유를 누리고 책임적 존재로 살라고 요구합니다. 성경이 우리에게 요구하는 순종은 행위 중심의 어떤 것이 아니라 존재론적인 것입니다. 하나님이 하자는 것을 깨닫고 하나님의 뜻을 따르는 데 자신을 던지는 것이 아니라, 자유를 지닌 책임적 존재가 되는 것입니다. 우리의 인생은 신앙적이고 종교적인 무언가를 남겨야 하는 것이 아니라 존재가 되는 것이어야 합니다. 업적이 아니라 사람이어야 하는 것입니다.

일반적으로 신앙생활을 돌아볼 때 가장 먼저 떠오르는 것은 율법적 세계관입니다. 그런 다음에 은혜의 세계관이 들어옵니다. 우리 스스로는 잘못한 것을 지워 버릴 방법이 없기에 하나님의 은혜로 그 허물을 덮어 주셔야만 하기 때문입니다. 그러나 그다음에 많은 경우

회개와 체념을 끊임없이 반복할 뿐 한 걸음도 나아가지 못합니다. 자라지 못합니다. 우리 인생에서 겪은 모든 일이 하나님을 향해 자라는 것을 보여 주는 나이테가 되어야 하는데 그러지 못합니다. 복음은 "죄 관리 프로그램" 정도가 되고 맙니다. 은혜는 죄가 있어야 성립됩니다. 잘못이 있고 정죄가 있고 징벌이 면제되려면 죄라는 조건이 있어야 합니다. 율법이 있어야 은혜가 은혜 됩니다. 그리고 은혜는 책임을 만들어 주기 위해 있습니다. 은혜는 우리 쪽에서 아무것도 하지 않아도 된다는 의미가 아닙니다. 은혜는 성숙과 훈련을 위해 허락된 것입니다. 은혜를 받으면 더 이상 아무런 걱정이 없고 더 이상 무언가를 할 필요도 없는 사람이 되는 것이 아닙니다. 올챙이가 자라면 개구리가 되어야 하듯이 은혜는 우리를 아무것도 하지 않는 자리가 아니라 성숙과 훈련과 자유와 책임의 자리로 나아갈 수 있게 하는 변화의 발판입니다. 구약의 복음서, 다섯 번째 복음서라 불리는 이사야서는 이런 놀라운 메시지를 담고 있습니다.

부활의 첫 열매이신 예수

이사야 6장에는 이사야의 소명 이야기가 기록되어 있습니다. 그런데 그 내용이 기이합니다. "그들은 네가 전하는 이야기를 들어도 깨닫지 못하고 보아도 알지 못할 것이다"(사 6:9 참조). 그런데 마태복음 13장에서 예수님은 씨 뿌리는 비유를 말씀하신 후에 이사야가 받은 이 소명이 오늘 성취되었다고 말씀하십니다. "예언자들이 전한 하나님의 말씀을 듣고 누구도 깨닫지 못했다. 그런데 내가 왔다. 그 예언이 내 안에서 이루어졌다. 이사야가 받은 소명처럼 지금도 내가 전하는 말을 들으나 누구도 깨닫지 못하고 있다. 그래서 내가 왔다"라고 예수님은 선언하십니다(마 13:11-17 참조). 쉽게 말하면 이런 뜻입니다. "너희 모든 예언자는 나의 때 보기를 고대했다. 하지만 그들은 자신이 예언한 일의 결과를 보지 못했다. 그런데 너희는 그것을 보고 있다. 그런 나를 봄으로써 너희는 복이 있다. 그것은 너희가 옥토라서 열매를 맺은 것이 아니다. 열매를 맺을 수 없는 밭에서 열매가 맺힌 것인데, 그이가 바로 나다!"

돌밭과 가시밭 같은 우리에게 예수님이 열매를 맺음으로써 우리 밭이 옥토가 되었습니다. 바울이 고린도전서 15장에서 얘기하는 바와 같이 예수님이 부활의 첫 열매가 되셨습니다. 마침내 무덤에서 부활 꽃이 피어난 것입니다. 이런 반전, 즉 인간에게 필요한 하나님의 뜻과 목적과 의도와 방법이 이스라엘의 바빌론 포로 사건 속에서 도전과 실패와 절망으로 표현되면서 답으로 드러나는 것입니다. 하나님은 우리를 그분의 뜻대로 만들기 위해서 우리를 창조하셨고 우리의 존재를 지키시며 우리의 운명을 복되게 하시려 한다는 것을 우리로 하여금 깨닫게 하십니다. 이것이 자유와 책임의 세계에서 일어난 일입니다. 신자에게 죄란 하나님과의 관계 문제임을 알게 되는 것입니다. 실수와 잘못을 경험해서라도 하나님 앞에 붙어 가는 것, 그것이 복이라는 것을 알게 되는 것입니다. 이사야 64장에는 이런 반전과 역설이 다시 나옵니다.

원하건대 주는 하늘을 가르고 강림하시고 주 앞에서 산들이 진동하기를 불이 섶을 사르며 불이 물을 끓임 같게 하사 주의 원수들이 주의 이름을 알게 하시며 이방 나라들로 주 앞에서 떨게 하옵소서. 주께서 강림하사 우리가 생각하지 못한 두려운 일을 행하시던 그때에 산들이 주 앞에서 진동하였사오니 주 외에는 자기를 앙망하는 자를 위하여 이런 일을 행한 신을 옛부터 들은 자도 없고 귀로 들은 자도 없고 눈으로 본 자도 없었나이다. (1-4절)

이스라엘의 하나님은 세상의 상상과 기대로 만든 신에게는 없는 속성과 능력이 있는 존재이십니다. 이스라엘은 바빌론 포로로 끌려가 강력한 제국, 거대한 나라, 성공한 권력이 하나님 기준에 얼마나 미달인지를, 이방인들이 섬기는 우상이 이스라엘에게 율법을 베푸시는 하나님과 얼마나 다른지를 보고 배웁니다. 하나님의 백성이 된다는 것이 우상의 백성과 존재론에서나 운명에서 어떻게 그리고 얼마나 다른지를 직접 보게 된 것입니다.

바빌론 포로는 단순히 벌 받는 것 이상이었습니다. 바로 이스라엘 백성이 허우적거리던 자리에서 제대로 된 자리로 나아가는 중요한 계기가 됩니다. 이스라엘 백성이 자신들이 바라던 것과 전혀 다른 것을 하나님이 주시는 의미가 무엇인지를 생각하게 되기 때문입니다. "하나님이 마르둑보다 못하신가? 하나님이 왜 우리를 버리셨을까? 왜 외면하셨을까?" 이런 생각을 하게 된 것입니다. 그러면서 마음대로 조작할 수 있는 신을 만드는 것과 창조주로서 주권을 가지고 우리에게 명령하여 복종을 요구하는 하나님 앞에 서 있다는 것 사이의 차이를 발견하기 시작합니다. 이는 이스라엘 역사의 결론이며,

오늘 우리에게도 요구되는 도전입니다.

고난이 하는 일의 증인, 예레미야

예레미야서도 이스라엘이 망하는 역사를 담고 있습니다. 특히 예레미야서는 '고난'을 중심 주제로 삼고 있습니다. 예레미야는 주전 626년쯤 예언자로 소명을 받고 남 왕국 유다의 멸망을 예언하기 시작합니다. 하지만 이스라엘은 그의 비관적인 예언을 들으려 하지 않습니다. 심지어 그를 심하게 박해했습니다. 예레미야가 사역하던 당시는 유다 왕 요시야가 종교개혁을 단행해 나라가 꽤 단정적이던 시기였기 때문입니다. 그러나 바빌론의 세력이 너무 커지고 나라가 위태해지자 이스라엘 백성이 예언자 예레미야에게 와서 어떻게 해야 할지 묻습니다. 예레미야가 좋은 말을 해 주길 바라던 사람들의 기대와 달리 예레미야는 이렇게 말합니다. "너희는 바빌론에 곱게 끌려가라. 그러면 거기서라도 잘살게 될 것이다. 그렇지 않으면 여기서 죽을 것이다. 이집트로 도망갈 생각도 마라. 그냥 벌을 곱게 받아라." 그러자 사람들은 하나님의 선민이 어떻게 우상을 믿는 백성에게 잡혀갈 수 있냐며 예레미야를 비난합니다. 하지만 실제로 성전이 무너지고 이스라엘 백성은 바빌론에 포로로 끌려갑니다. 이는 예레미야의 중재 사역도 실패했음을 뜻합니다. 백성은 회개하지 않고, 하나님은 그 뜻을 돌이키지 않으셨습니다. 하나님과 인간의 고집이 충돌하는 사이에서 예레미야가 할 수 있는 일이란 우는 것밖에 없었습니다. 답이 없으니 우는 것으로라도 현실을 감당해 내는 것입니다.

예레미야 7장에 성전에 관한 유명한 이야기가 나옵니다. "너희는 이것이 여호와의 성전이라 여호와의 성전이라 여호와의 성전이라 하는 거짓말을 믿지 말라"(4절). 이스라엘 백성은 성전을 지어 놓고서는, 하나님께 할 일을 다 했다고 생각했습니다. 그런 이스라엘에게 그런 생각일랑 하지 말라는 것이 예레미야의 말입니다. 성전은 그저 하나님이 하고자 하시는 것들의 보이는 증거고 방향일 뿐인데 이스라엘은 종교성과 도덕성 정도에 사로잡혀 거기서 조금도 더 나아가지 못합니다. 그래서 하나님은 이스라엘은 바빌론 포로로 끌려가게 놔두십니다. 틀렸으니 더 혼나야 한다는 것이 아니라 가서 더 배우고 깨달으란 뜻에서였습니다. "다른 신을 섬긴다는 것이 무엇인지 실상을 봐라. 힘이 있고 평안하면 행복한 것이 아니라는 것을 봐라." 이것이 바빌론 포로의 의미입니다. 이것이 고난이 신자의 인생에서 하는 일입니다. 율법이 우리를 은혜의 자리로 밀었듯이, 신자는 자유와 책임의 자리로 밀려 들어오게 됩니다. 바빌론 포로는 신앙이란 이름으로 극복해야 할 것이 아닙니다. 자기 백성을 향한 하나님의 목적성과 진정성이 만들어 낸 이스라엘 역사에 대한 증거로 보아야 합니다.

우리 인생도 마찬가지입니다. 신자는 그의 인생에서 제일 중요하고 소중한 것을 성공보다는 고난에서 배웁니다. 고난은 우리가 한계를 경험하게 합니다. 그리고 한계를 넘지 못하는 우리에게 우리 능력 밖에 있는 도전을 다시 던짐으로써 우리가 그 한계를 기어코 넘어서게 하는 신비로운 일을 합니다. 물론 고난의 궁극적 목표는 사랑과 승리입니다. 하나님은 바빌론 포로로 이스라엘을 밀어 넣고는 그저 관망자로 계신 것이 아니라 그곳에 내려가 그들의 아픔에 참여하셨습니다. 로완 윌리엄스의 말대로 "하나님의 거룩은 구별이 아니라 참여"이기 때문입니다. 이것이 예언자 예레미야의 눈물의 의미이고 그가 전하는 증언입니다.

실력을 키우라는 소예언자들의 호소

소예언서는 분량이 적어서 소예언서라고 하지만, 사역 면에서는 대예언서와 차이가 없습니다. 소예언서로 마무리되는 구약의 결론은 이스라엘이 실패했다는 것이었습니다. 구약은 분명 실패로 끝납니다. 아담부터 시작해 이스라엘의 패망에 도달한 역사가 이에 대한 증거입니다. 하지만 이스라엘의 실패에 따른 준엄한 심판이 있지만, 또한 하나님이 그들을 회복하실 것이라는 약속도 있습니다. 실패와 심판과 회복의 반복, 이 반복의 역사를 소예언서에서도 확인할 수 있습니다.

소예언자들은 대부분 북 왕국 이스라엘과 남 왕국 유다의 패망 때에 등장합니다. 좀 더 이른 시기에 등장한 예언자들은 북 왕국에서는 여로보암 2세가, 남 왕국에서는 웃시야가 집권했을 때 활동합니다. 그렇더라도 그때는 이미 북 왕국과 남 왕국 모두 기울어 가고 있던 때입니다. 스스로 내리막을 걷다가 결국 북 왕국은 앗시리아, 남 왕국은 바빌론에 멸망합니다. 남북 왕조가 멸망한 이유는 동일한데, 바로 여호와의 말씀에 순종하지 않았기 때문입니다. 하지만 앞에서 언급한 대로 심판에 대한 예언 다음에는 항상 회복에 대한 예언이 따라옵니다.

왜 소예언서에도 실패와 회복이 함께 등장할까요? 하나님이 자기 백성을 결국 회복하실 거라면 왜 굳이 그들로 하여금 실패를 경험하게 하실까요? 그들이 실패하기 전에 심판받기 전에 왜 하나님은 그 일을 미리 막지 않으실까요? "너희는 용서받지 못할 죄를 지었다. 너희는 다 망해야 한다. 하지만 나는 너희를 회복할 것이다. 내가 너희를 구원할 것이다"라는 예언자들의 선언과 약속은 실패가 나쁜 것만은 아님을 뜻합니다. 여기서 실패가 나쁜 것이 아니라고 말하는 것은 무척 조심스럽게 이해해야 합니다. 잘못해도 괜찮다는 죄성에 근거한 못난 생각을 우리도 할 수 있기 때문입니다.

사실 우리는 잘못해도 되는 존재 정도가 아니라 결코 잘할 수 없는 존재입니다. 우리는 실패할 수밖에 없는 존재입니다. 왜 그럴까요? 실력이 부족하기 때문입니다. 하나님께 순종하면서 현실을 살기 위해서는 굉장한 실력이 있어야 합니다. 실력은 각오로 생기는 것이 아닙니다. 실력은 바라고 소원한다고 생기는 것이 아니라 실제로 쌓아야 하는 것입니다. 실력을 기르려면 시간과 과정이 있어야 합니다. 그 시간과 과정에서 무엇을 해야 할까요? 연습하고 훈련해야 합니다. 더 키울 것은 키우고 없앨 것은 없애는 훈련을 해야 합니다. 손흥민 선수가 오른발과 왼발을 모두 잘 쓰는 것이 그런 사람으로 태어나서가 아니라 훈련을 통해 그렇게 되었기 때문이듯이 말입니다. 훈련 과정에서 당연히 반발도 일어나고 거짓말도 했을 것입니다. 그래서 정신적인 훈련도 병행되어야 합니다. 쉬고 싶다는 유혹을 이기는 단호함, 될 때까지 하겠다는 끈기, 생각하는 대로 되지 않는다는 실패감을 극복하는 자세 같은 것들이 하나하나 넘어서야 할 도전으로 다가오기 때문입니다.

왜 하나님은 이런 방식으로 일하실까요? 도대체 하나님의 목적이 무엇이길래 이렇게 일하실까요? 이는 하나님의 목적이 우리, 바로 우리 자신이기 때문입니다. 이는 아무리 강조해도 지나치지 않습니다. 어떤 업적, 사역이 아니라 우리가 자라는 것, 우리가 하나님의 후사에 걸맞은 존재가 되는 것이 하나님의 목적이고, 그래서 그 일을 이루시는 방법을 형성합니다. 이것이 이스라엘의 부끄러운 실패의 역사를 기록한 구약이 존재하는 이유입니다. 그러나 우리는 실존적 신앙관에 사로잡혀서 "하면 된다. 하지 않으니까 안 되는 것이다. 왜 하지 않느냐"라는 말로 현실의 질문에 답합니다. 자신도 하지 못하는 것을 다른 사람에게 요구하고 비난하면서 자신의 정체성을 확인하려고 합니다.

더 깊은 신앙으로 가는 길

앞에서 언급한 말라기에 나오는 하나님의 한탄 "헛된 제사를 지내지 못하게 성전 문을 닫아 줄 사람이 있다면 좋겠다"라는 말씀 다음에도 회복의 약속이 따라 나옵니다. "내가 말일에 엘리야를 보내서 아비의 마음을 자녀에게, 자녀의 마음을 아비에게 돌이킬 것이다"(말 4:5-6 참조). 이스라엘을 향한 저주와 꾸중이 나온 다음에 다시 회복이 선언됩니다. 우리를 만들어야 하기 때문입니다. 우리는 허점이 무엇인지, 무엇이 부족한지를 깨달아 온전한 성숙을 이룰 수 있게 하기 위해서입니다. 호세아서에서는 이렇게 나옵니다. "나는 인애를 원하고 제사를 원하지 아니하며 번제보다 하나님을 아는 것을 원하노라"(호 6:6). 사도 요한도 구원을 하나님 아버지와 그분이 보내신 이를 아는 것이라고 말합니다. "영생은 곧 유일하신 참 하나님과 그의 보내신 자 예수 그리스도를 아는 것이니이다"(요 17:3).

그동안 우리는 너무 쉽게 구원을 "죄에서 구출되어 천국으로 가는 것" "예수 천당 불신 지옥" 정도로 이해해 왔습니다. 그리고 그것에 대한 반응으로서의 일사각오 신앙, 순교 신앙, 도덕적 행위, 종교적 헌신이라는 추상적 개념으로, 구체적 인생이라는 현실에서 우리를 자녀로 부르시고 그 신분에 맞는 수준으로 성장하라는 하나님의 요구를 외면해 왔습니다. 예수를 믿어 구원의 감격은 지녔지만, 천국 가기 전까지 현실 속에서 영광, 진리, 명예로움, 위대함 같은 것으로 인생을 채우는 데까지는 나아가지 않았습니다. 그저 천국 가기 전까지 영육이 강건하고 평안하게 사는 것만 바랐습니다. 하나님이 우리를 한 독립된 인간, 독립된 정신, 독립된 선택, 독립된 실력을 가진 존재로 만들고 계시다고 신구약 전체가 증언하는데, "내 뜻대로 마시고 아버지 뜻대로 하십시오" 하는 말을 변명으로 둘러대며 널브러져 있습니다. 하지만 겟세마네에서 예수님은 그 기도를 하시고 십자가로 가셨습니다. 십자가를 지나야 부활이 있습니다.

신약 시대를 사는 신자에게 왜 구약성경이 필요할까요? 그것도 처음부터 실패의 역사로 점철되고 있는 구약성경이 왜 필요할까요? 그 속에 기록되어 있는 이스라엘 역사가 증언하는 하나님의 뜻과 의지에 기반하여 기독교 신앙을 이해하고 정리해야 하기 때문입니다. 바로 이 지점에서 우리가 지금까지 배웠던 역사적 신앙관이 필요합니다. 하나님의 위대한 드라마인 성경을 우리의 실존적 신앙관이라는 좁은 렌즈로 보는 것이 아니라 역사적 신앙관이라는 크고 긴 안목을 가지고 볼 때에야 비로소 우리는 하나님이 창조 때부터 목적으로 삼고 계셨던 자유와 책임의 자리로 나아갈 실력을 쌓을 수 있습니다. 그러니 겁내지 말고 마음껏 해 보십시오. 더 나아가십시오! 그래서 마침내 그리스도의 장성한 분량이 충만한 데까지 이르러 하나님의 영광의 찬송이 되십시오. 그 일을 하나님이 우리와 함께 이루실 것입니다. 이것이 구약의 증언입니다.

기도

하나님 아버지, 우리가 믿는 하나님은 얼마나 놀라우신지요. 우리의 인생이 예수 그리스도의 이름 위에 서 있습니다. 예수 그리스도의 십자가와 부활이 만들어 낸 위대함, 명예, 영광, 찬송을 하나님이 우리에게 이루시겠다고 약속하셨습니다. 그러니 그 영광의 찬송의 자리로 나아가는 인생길을 우리가 믿음 가운데 걸어가게 하소서. 넘어지면 다시 일어나게 하시고, 그때마다 더 자라게 하소서. 예수 믿는 위대함이 무엇인지 더 알게 하시고, 그래서 이 시대를 살면서 우리가 인생에서 만나는 사람 앞에서 넉넉하고 풍성해질 수 있게 하소서. 예수님 이름으로 기도합니다. 아멘.

박영선과 함께하는 구약 여행

초판 발행_ 2024년 2월 14일
초판 3쇄_ 2024년 11월 15일

지은이_ 박영선
펴낸이_ 정모세

펴낸곳_ 한국기독학생회출판부
등록번호_ 제2001-000198호(1978.6.1)
주소_ 04031 서울시 마포구 동교로 156-10
대표 전화_ (02)337-2257 팩스_ (02)337-2258
영업 전화_ (02)338-2282 팩스_ 080-915-1515
홈페이지_ http://www.ivp.co.kr 이메일_ ivp@ivp.co.kr
ISBN 978-89-328-2216-7
　　　978-89-328-2213-6(세트)

ⓒ 박영선 2024

책값은 뒤표지에 있습니다.
무단 전재와 복제를 금합니다.